Poesía

Letras Hispánicas

Jorge Manrique

Poesía

Edición de Jesús-Manuel Alda Tesán

DECIMOCTAVA EDICIÓN

CATEDRA

LETRAS HISPANICAS

Ilustración de cubierta: YUYI LEVI

© Ediciones Cátedra, S. A., 1997
Juan Ignacio Luca de Tena, 15. 28027 Madrid
Depósito legal: M. 33.507-1997
ISBN: 84-376-0061-8
Printed in Spain
Impreso en Lavel, S. A.
Pol. Ind. Los Llanos, C/ Gran Canaria, 12
Humanes de Madrid (Madrid)

Índice

INTRODUCCIÓN

Introducción

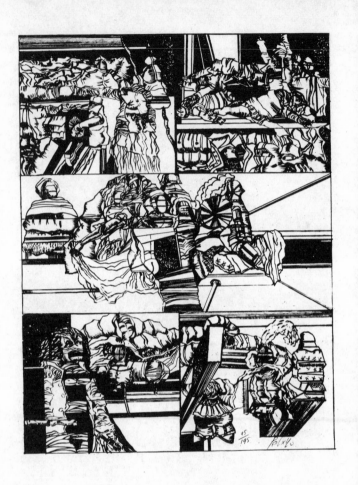

El poeta

Semblanza de Jorge Manrique

La vida de los héroes se mide por la grandeza de sus hazañas. La de los artistas, por la calidad de sus creaciones. Ambas cosas fue Jorge Manrique, héroe y poeta, dejándonos en su persona una feliz conjunción de armas y letras ya no rara en su siglo, pero sí poco frecuente en los anteriores.

Perteneció don Jorge a una de las familias castellanas de más ilustre prosapia, entroncada nada menos que con el linaje de los Lara, que ha sido historiado por uno de nuestros más destacados genealogistas en una obra ya clásica [1]. Los datos que aduce Luis de Salazar y Castro entre las páginas 407-411 del tomo II de su obra han sido el punto de partida para todos los esbozos biográficos que se han hecho del gran poeta. Allí se dice cómo «fue el cuarto de los hijos que aquel grande héroe (el maestre don Rodrigo Manrique) procreó en doña Mencía de Figueroa, su primera mujer, y no sólo se pareció a su padre en lo que los demás hermanos suyos, sino también en la

---

[1] Luis de Salazar y Castro, *Historia genealógica de la Casa de Lara*, Madrid, 3 vols. en folio, 1696-1697, más otro vol. de 1694 con las *Pruebas de la Historia de la Casa de Lara*.

11

claridad del entendimiento, discreción y elocuencia, de suerte que con la espada y con la pluma se supo hacer una estimación muy señalada». Un segundón de los Lara dio con su nombre origen a la estirpe de los Manrique en la que se fue perdiendo el apellido originario, que con posterioridad reivindicó fugazmente el único hijo varón de don Jorge, llamado don Luis Manrique de Lara, muerto, al parecer, sin sucesión.

(¿Pesaría sobre don Jorge un resentimiento moral a causa de este origen segundón de su linaje? Algo parece entreverse en sus famosas *Coplas* cuando con orgullo manifiesto eleva aquel monumento a su padre que ha conquistado con su esfuerzo la fama, colocándose en la cima de toda nobleza.)

Por otra rama era lejano pariente colateral de la familia reinante, los Trastámara, pues su abuela paterna fue doña Leonor de Castilla, nieta de Enrique II.

Por línea materna estaba entroncado con la prócer casa de los Mendoza, si bien los Manrique no se llevaron muy bien con ellos. No obstante, don Íñigo López de Mendoza, primer marqués de Santillana, fue siempre admirado por la familia de su prima doña Mencía.

La biografía de Jorge Manrique está inserta en la vida castellana de su tiempo y como diluida en la masa de las crónicas, generalmente parciales, que nos hablan de feroces luchas por el poder y nos retratan los modos de vida caballeresca y cortesana. Son muy pocos los datos concretos que poseemos sobre su vida personal. Tradicionalmente se vienen repitiendo los que resumió Amador de los Ríos [2], que declara tomarlos a su vez de las historias de Palencia, Pulgar, Garibay, y Mariana, Salazar Castro y otros, y luego aprove-

---

[2] Amador de los Ríos, José, *Historia crítica de la Literatura española*, t. VII, págs. 116-122. Madrid, 1865.

chó J. Nieto [3] en 1902. Antonio Serrano de Haro
ha acudido modernamente a otras fuentes de in-
formación y, sobre todo, ha tratado de entrever
el retrato personal del poeta a través de su obra.
Algunas precisiones de detalle sobre la fecha de
su muerte y sobre algún otro aspecto han sido
hechas por R. P. Kinkade [5], por Derek W. Lomax [6]
y por Francisco Caravaca [7].

Nació Jorge Manrique hacia 1440, quizá en la
villa palentina de Paredes de Nava, feudo pater-
no en el que don Rodrigo fue creado conde titu-
lar en premio a sus méritos. La fecha y el lugar
son sólo probables. No sabemos tampoco si pudo
conservar alguna impresión infantil de aquella
tierra que, en todo caso, debió compartir con otra
bien distinta y lejana, pues parece que la familia
vivía en Segura de la Sierra (Jaén), cabeza de la
encomienda santiaguista confiada a su padre, y
comarca próxima a la frontera del reino granadi-
no, donde el comendador actuó con gran arrojo.
Allí transcurrirían seguramente los años de su
infancia junto a doña Mencía, su madre, y a otros
hermanos que formaban la larga serie de una familia numerosa. Los Manrique fueron muy prolí-
ficos. El maestre era el segundo hermano de una
serie de quince en la que figura como quinto el

[3] Nieto, José, *Estudio biográfico de Jorge Manrique
e influencia de sus obras en la Literatura española.* Madrid, 1902.
[4] Serrano de Haro, Antonio, *Personalidad y destino de
Jorge Manrique.* Madrid, Gredos, 1966.
[5] Kinkade, R. P., «The historical Date of the Coplas and
the Death of Jorge Manrique». En *Epeculum, Massachusetts,* 1970, págs. 216-224.
[6] Derek W. Lomax, «Cuando murió Don Jorge Manrique», *R.F.E.,* 1972, págs. 61-62.
[7] Francisco Caravaca, «Notas sobre las llamadas "Coplas póstumas de Jorge Manrique"». En *Bol. Bibl. Menéndez Pelayo,* 1974, págs. 89-135. El mismo Caravaca es autor de otros estudios manriqueños que barajan numerosos datos. Vid. *Bol. Bibl. Menéndez Pelayo,* 1975, páginas 3-90.

famoso poeta y político don Gómez,[8] El mismo don Rodrigo, casado sucesivamente en segundas y en terceras nupcias, tuvo hijos de sus varios matrimonios, y a su muerte, cuando ya contaba setenta años, encargaba a su hijo don Pedro, entonces mayorazgo, y a sus otros hermanos, que mirasen por la condesa doña Elvira de Castañeda y «por los otros hijos chequitos que en ella ove»[9].

Malos años estos primeros de la vida de don Jorge. Casi a la vez que él venía al mundo, moría su abuelo el adelantado don Pedro, verdadero patriarca de la familia, que, sin duda, dejó honda huella en sus sucesores. El hecho ocurrió en circunstancias extrañas que hicieron pensar en el veneno, y tras una vida entregada a la revuelta y peligrosa política de su tiempo. Antes de 1445 murió también doña Mencía, en Segura de la Sierra, dejando en la crianza de sus hijos un hueco que mal habían de ocupar sucesivas madrastras. En este mismo año tuvo lugar la famosa batalla de Olmedo, adversa para el partido de los Manrique. El suceso tuvo gran resonancia y representó un triunfo momentáneo, pero destacado, para el condestable don Álvaro de Luna, tanto como un serio revés para los nobles descontentos. Es de suponer que la derrota, ocurrida no muy lejos de las tierras palentinas, y el quebranto moral y material de la familia causaran honda sensación en el muchacho.

A estos datos puede añadirse el ejemplo de caídas ilustres sucedidas en pocos años, como la muerte, en la derrota de Olmedo precisamente, del maestre de Santiago, don Enrique, hijo de don Fernando _el de Antequera_ y uno de los famosos

<hr />

[8] El personaje de este mismo nombre que retrata Fernán Pérez de Guzmán en _Generaciones y semblanzas_ no debe confundirse con el tío de Don Jorge, como dice Domínguez Bordona en su ed. del citado libro, pág. 65, nota 1.

[9] Testamento otorgado por don Rodrigo en 21 de octubre de 1476, días antes de morir. (Cit. por Cortina.)

«infantes de Aragón»; el final desastroso de don Álvaro de Luna, cuya decapitación en Valladolid (1453) fue ejemplo sonado en el mundo, y, en fin, la muerte, un año después del «muy prepotente don Juan el segundo», muy variable en sus favores y disfavores a los Manrique y hombre de escasa voluntad, pero símbolo de una corte esplendorosa. Años más tarde, en 1468, otra ráfaga de aire helado se llevará, «cuando más ardía el fuego», al joven príncipe don Alfonso, jurado rey en Ávila por el bando en que militaban don Rodrigo y los suyos.

Si, como dicen los psicólogos, las impresiones de la infancia contribuyen a la formación del carácter, Jorge Manrique recibió muy pronto lecciones bien directas que pudieron decidir su temple. Apenas si tenemos testimonios de cómo fue. Sólo leves alusiones o citas rápidas de algún historiador coetáneo, como Hernando del Pulgar, que relata su muerte, y que bien pudo haberle incluido en su galería de *Claros varones de Castilla*, como hizo con su padre. Un retrato que se conserva en Toledo fue pintado siglos más tarde y no garantiza su verídica fisonomía. Pero cabe pensar en un joven introvertido, delicado y melancólico, a la par que belicoso y arrojado.

Libros de la época, como el *Victorial* o el de los *Hechos del Condestable don Miguel Lucas de Iranzo* [10], se paran a contar deliciosamente detalles de la vida interior en los palacios, leyes de caballería y ambiente de los grandes señores. ¿Participaría Jorge Manrique de un regalo semejante en la interioridad de su vida familiar? Bien pudieron permitirlo el rango de su linaje y el lugar que su padre y toda su familia ocupaban

---

[10] Gutierre Díez de Games, *El Victorial, Crónica de don Pero Niño, Conde de Buelna*, ed. Juan de Mata Carriazo, Madrid, 1940. *Hechos del Condestable don Miguel Lucas de Iranzo, Crónica del siglo XV*, ed. Juan de Mata Carriazo, Madrid, 1940.

en la estimación caballeresca de su tiempo, pero es muy aventurado suponerlo.

El mismo don Jorge tuvo pronto también puesto propio en la escala social de aquella nobleza, y fue, entre otras cosas, caballero santiaguista trece [11], y comendador de Montizón, en tierras de La Mancha, de la misma Orden, además de capitán de hombres de armas, y como tal intervino en tantos ires y veneres, pasiones partidistas y escaramuzas y batallas brutales promovidas por ambiciones desmedidas y por la inestabilidad de la política. «No hay más Castilla; si no más guerras habría», dice el citado Pulgar en una de sus *Letras* [12]. «En esta división (la de Enrique IV y su hermano don Alfonso, 1464-67) se despertó la cobdicia e creció la avaricia, cayó la justicia e señoreó la fuerza, reinó la rapiña e disolviose la luxuria, e ovo mejor logar la cruel tentación de la soberbia que la humilde persuasión de la obediencia», vuelve a decir el mismo en otra ocasión [13].

Sin embargo, hoy nos produce la impresión de que los hijos de don Rodrigo estaban bastante ensombrecidos por la figura de su padre, verdadero caudillo

...tanto famoso
y tan valiente.

Las citas que las crónicas hacen del gran poeta hablan de él, por lo general, como «fijo del maestre don Rodrigo Manrique». La herencia de un

---

[11] Así se llamaban cada uno de los trece caballeros santiaguistas que formaban el capítulo general de la Orden.

[12] Fernando del Pulgar, *Letras*, ed. J. Domínguez Bordona, Madrid, *Clásicos castellanos*, 1929. Letra XXV.

[13] Íd., *Claros varones de Castilla*, ed. J. Domínguez Bordona, Madrid, *Clásicos castellanos*, 1923. El pasaje está en la semblanza del rey Enrique IV, una verdadera página de antología.

apellido ilustre supone muchas veces una servidumbre que con frecuencia daña a la propia personalidad. Y, por otra parte, hoy, que nuestra estimación se dirige en otro sentido, nos parece muy natural que para su tiempo la figura destacada fuera don Rodrigo. Es lógico que la fama se fijara, sobre todo, en el hombre poderoso y dinámico que poseía, según Pulgar, las dos virtudes necesarias al buen capitán: «la prudencia y la fortaleza», y que «esperaba con buen esfuerço los peligros, acometía las hazañas con grande osadía, e ningún trabajo de guerra a él ni a los suyos era nuevo»[14]. «El segundo Cid», le llama su hermano don Gómez[15], que es, sin duda, el intelectual y el diplomático de la familia, además de gran poeta. Notemos, sin embargo, cómo el maestre, después de una vida ajetreada y llena de grandeza guerrera, moría ya viejo en su lecho, de muerte natural, mientras el hijo, todavía joven, dejaba la vida poco después en el campo de batalla.

Tres constantes vitales y la muerte

Dejando lo episódico como marginal, y buscando en un hombre aquello que realmente informa su vida y constituye su razón de ser, encontramos en Jorge Manrique tres constantes: Amor, Poesía y Guerra. Las dos primeras, trabadas entre sí, son dos temas eternos, siquiera tengan que adaptarse a los matices impuestos por la ideología de cada época. La guerra está dentro de la naturaleza del señor medieval, que la ejerce no por profesionalismo, sino por necesidad esencial para la conservación de su señorío.

---

[14] Íd., íd.
[15] *Defunción del noble caballero Garcilaso de la Vega fecha por Gómez Manrique*, en *Cancionero castellano del siglo XV*, ordenado por FoulchéDelbosc, t. II, 28-29.

«Siempre amar y amor seguir», dice uno de los motes que glosa Manrique. Al amor dedicó la mayor, aunque no la mejor, parte de sus versos, y fino y galante servidor tuvo que ser hombre que dice:

> Con dolorido cuidado,
> desgrado, pena y dolor,
> parto yo, triste amador,
> de amores desamparado;
> de amores, que no de amor.

Los versos amatorios de aquella época no son, desde luego, un indicio cierto para determinar particularidades biográficas. El tema era obligado y estaba dentro de la costumbre caballeresca. Su tío don Gómez, el otro gran poeta de la familia, diseñará en unos versos el ideal humano de su tiempo:

> En las armas virtuoso;
> en la corte buen galante;
> a los amigos, gracioso;
> a los contrarios, dañoso;
> de virtudes abundante [16]

Quizá no fue nuestro poeta un típico don Juan cortejador impenitente, como lo fueron de seguro otros amigos suyos también poetas; pero sí rindió tributo a la condición ineludible de ser «en la corte buen galante». Cuando en sus famosas *Coplas* habla de damas y galanes, y de «fuegos encendidos / d'amadores» se adivina un dejo de nostalgia de la vida cortesana con sus brillantes saraos y sus indispensables devaneos amorosos.

Su amigo Guevara, en una de aquellas recuestas tan en boga por aquel entonces, y porque

---

[16] Vid. Foulché-Delbosc, *op. cit.*, t. II, n. 348.

sabía «que estaba herido de un trueno» [17], le pregunta cuál es mayor padecimiento, «dolor de trueno o de amores», y don Jorge le responde, como es obligación, dando prioridad al mal de amor.

Quién fuera aquella amiga que le besó estando dormido, o aquélla a quien le pide que se acuerde de

cuánto ha que comencé
vuestro servicio,

no lo sabemos. El único nombre femenino que figura en esta partida del poeta es el de su esposa, doña Guiomar de Castañeda, hermana de su segunda madrastra. Haciendo gala de un juego virtuosista muy de la época, pone su nombre de pila como acróstico en una composición, y lo inserta en otra, ahora completo con la mención de sus linajes por los cuatro costados: Castañeda, Ayala, Silva y Meneses.

Probablemente casó muy joven y, leal amador, quizá su amiga y señora no fue otra que la propia doña Guiomar. También se suele decir que no se entendían bien, pero como veremos luego, matrimonio y amor cortés son dos cosas distintas.

En cualquier caso, y por encima de todas las diferencias, podría aplicarse aquí la afirmación posterior que en *La Dorotea* pone Lope de Vega en boca de Fernando: «amar y hacer versos todo es uno» [18].

La otra constante de la vida manriqueña, la guerra, está también implicada con la poesía y con el amor. Con frecuencia percibimos en sus versos los ecos de la batalla o el trajín de la vida de campaña. Tal sucede cuando identifica «los

---

[17] *Id., íd.*, n. 906. Llamaban *trueno* a las explosiones de armas de fuego.
[18] Lope de Vega, *La Dorotea*, ed. Blecua, Rev. Occidente, Madrid, 1955.

plazeres e dulçores» con los «corredores» o sol·
dados en avanzada, o cuando dice que la muerte es «la çelada / en que caemos», y, más directa-
mente, cuando nos presenta

> Las huestes inumerables,
> los pendones, estandartes
> e banderas,
> los castillos impugnables,
> los muros e baluartes
> e barreras,
> la cava honda, chapada.

Y, con frecuencia también, se sirve de elementos
tomados de su experiencia bélica para alegorizar
los intrincados vericuetos de la vida amorosa, según vemos, por ejemplo, en los poemas *Castillo
de Amor* y *Escala de Amor*.

La presencia real de sus vivencias más inme-
diatas y permanentes es, como nota José María
de Cossío, uno de los valores más estimables del
mensaje poético de Jorge Manrique, y sus vehícu-
los más logrados «son evocaciones vivas, términos presentes a la imaginación y a la urgencia
lírica, no sujetos impalpables ofrecidos al razo-
namiento y a la lógica» [19]. Si aquellos «ríos / que
van a dar en la mar» nos hacen pensar en el
«caudal» Duero, el «mediano» Carrión o el «chico» Sequillo, discurriendo por la nativa llanura
castellana, también están presentes con validez
moral, y por tanto poética, todas las demás cosas
que constituyen su vida, y entre ellas es la guerra
una de las más destacadas.

Todos los biógrafos de don Jorge citan como
el primero de sus hechos de armas el de la batalla de Ajofrín (Toledo), ocurrida en 1470; pero
sus treinta años aproximados de entonces parecen una edad un poco madura para recibir su

---

[19] José M.ª Cossío, «Mensaje de Jorge Manrique», en
Escorial, II, págs. 337-340.

bautismo bélico. La hazaña es referida por Alonso de Palencia y, copiando a éste, por Mosén Diego de Valera, que dice cómo «don Jorge Manrique, comendador de Montizón, maravillosamente favoreció a don Álvaro de Estúñiga, su primo» en la cruenta disputa que éste tuvo con don Juan de Valenzuela por la provisión del priorato de San Juan. Nuestro poeta «como fuese cavallero mucho esforçado e con entera voluntad quisiere ayudarle» atacó con los suyos «e con grande osadía, paso a paso, fue ferir en los contrarios» [20], alzándose con la victoria.

En octubre de 1474 murió el poderoso don Juan Pacheco, maestre de Santiago, y dos meses más tarde moría también el rey Enrique IV. La vacante del maestrazgo que dejaba el primero, y la del trono, ambas en circunstancias difíciles, dieron ocasión para que se recrudecieran las disensiones entre los grandes, que se declararon en guerra abierta. Los Manrique llevaron en ella la mejor parte, pues consiguieron para don Rodrigo el maestrazgo a que aspiraba hacía mucho tiempo, y para don Jorge, una buena prebenda dentro de la misma Orden de Santiago. Y, lo que es más, lograron ver en el trono a su amada princesa doña Isabel. Ya años antes, en 1465, habían alzado como rey en Ávila al joven infante don Alfonso que murió tres años después, en la pubertad. Todo ello costó mucho, frente a la dura oposición del bando contrario, acaudillado por los Pacheco, que querían reivindicar para sí la jefatura santiaguista como patrimonio hereditario, y que, lo mismo que el belicoso arzobispo de Toledo, don Alonso Carrillo, deseaban proclamar reina a la infortunada doña Juana, llamada *la Beltraneja*. Se luchaba en todas partes, y, sobre todo, en las tierras de Toledo, Cuenca y Albacete, feudos de los Vi-

---

[20] Mosén Diego de Valera, *Memorial de diversas hazañas*, ed. Juan de Mata Carriazo, Madrid, 1941, páginas 181-182.

llena, o Pacheco, y del turbulento prelado, en las que nuestro poeta y su padre y hermanos se batieron con bravura.

Pero no hay bien que dure, y en noviembre de 1476, casi sin transición entre el campo de batalla y el lecho de muerte, fallecía en Ocaña el anciano don Rodrigo, comido por un cáncer que le desfiguró el rostro:

> después de tanta hazaña
> a que non puede bastar
> cuenta cierta,
> en la su villa de Ocaña
> vino la muerte a llamar
> a su puerta.

Una nueva presencia de la muerte para don Jorge, y esta vez mucho más de cerca e hiriendo en punto harto más sensible. Es entonces cuando el poeta encuentra la ocasión de su vida para verter en un poema único la gran lección aprendida a través de los años en la sabiduría de los demás y en carne propia. Otra vez la realidad palpable y al alcance de la mano, dando jugo nutricio a sus versos.

No pasará mucho tiempo sin que llegue el turno al mismo Jorge Manrique. Siguen las guerras movidas por los inquietos defensores de la Beltraneja, recelosos del giro que la política va tomando bajo el gobierno de los nuevos reyes. Continúa el marqués de Villena, hijo y heredero del difunto don Juan Pacheco, siendo el más importante cabecilla de la subversión. Era el año 1478, quizá el otoño, cuando, según cuenta Pulgar, fueron destacados al marquesado de Villena don Jorge Manrique y don Pedro Ruiz de Alarcón con sus hombres de armas «para guardar aquella tierra e resistir cualquier guerra e fuerça que el marqués en ella tentase fazer; e para fazer guerra a la çibdad de Chinchilla, e a las villas de Belmonte e Alarcón e al castillo de Garcimuñoz, que estaban por él»[21]. Allí debieron permanecer todo el invierno y, ya en la primavera de 1479, estando el de Villena pertrechado en el castillo de Garcimuñoz, atacaron las tropas reales esta fortaleza rebelde y en una de aquellas embestidas «el capitán Jorge Manrique se metió con tanta osadía entre los enemigos, que, por no ser visto de los suyos para que fuera socorrido, le firieron de muchos golpes, e murió peleando cerca de las puertas del castillo»[22].

Sin alcanzar quizá los cuarenta años, moría el gran poeta con la espada en la mano en circunstancias parecidas a las que, años más tarde, concurrirían en la muerte de Garcilaso. Dejaba mujer, que murió antes de 1506, e hijos, uno de ellos varón, del que se tiene noticia hasta 1515.

La poesía

La obra poética de Jorge Manrique

El número de composiciones que han llegado hasta nosotros es realmente escaso. Cuarenta y nueve poemas, poco más de dos mil trescientos versos en total, publica la edición más completa hasta la fecha[23]. No puede asegurarse absolutamente que esto sea todo lo que escribió, y podría ser que se hubiera perdido algo más. Por lo pron-

[21] Fernando del Pulgar, *Crónica de los Reyes Católicos*, ed. Juan de Mata Carriazo, Madrid, 1943, pág. 352.
[22] *Id., id.*, pág. 358. Recientemente se ha precisado la fecha de esta escaramuza en 24 de abril. Vid. D. W. Lomax, «Cuando murió Jorge Manrique», *R.F.E.*, 1972, páginas 61-62.
[23] Jorge Manrique, *Cancionero*, ed. Augusto Cortina, Madrid, *Clásicos castellanos*, 4.ª ed., 1960.

to, en el Cancionero General de 1511, folio 122 r., figura la canción *Con tantos males guerreo*, que le es imputable. Es fama que a su muerte y entre sus ropas se le encontraron dos estrofas de un poema moral que dejó inconcluso y que, probablemente, componía por aquellos días alternando el ejercicio de la guerra con el de la poesía. Fue continuado posteriormente por Rodrigo Osorio, y aunque alguna vez se le atribuye a Manrique, esta continuación está muy en línea con su punto de partida.

La temática y la intención de estas cuarenta y nueve composiciones ha permitido clasificarlas en tres grupos: poesía amorosa, burlesca y moral. En el primero caben hasta cuarenta y cuatro o cuarenta y cinco poemas que abarcan, aproximadamente, el 75 por 100 de la obra total. En el segundo, ciento sesenta y nueve versos distribuidos en tres obrillas de desigual dimensión. En el tercero están las cuarenta coplas dobles de pie quebrado dedicadas a la muerte de su padre —el mayor y más trascendental de sus poemas—, con cuatrocientos ochenta versos, y los veinticuatro primeros del poema que quedó empezado y cuya atribución también es problemática.

Tradición y originalidad

Con esta fórmula plantea, desarrolla y resuelve Pedro Salinas su magnífico libro sobre Jorge Manrique [24].

El poeta recibe de la tradición unos temas y unas formas, y sobre ellos insufla su aliento propio, su voz personal recreadora. Cuando lo consigue, el poeta ha dado sentido original a un tema ya acuñado por la tradición, que cobra nueva vida. Si no lo logra, el resultado es un producto

---

[24] Pedro Salinas, *Jorge Manrique, o Tradición y originalidad*, Buenos Aires, 1947.

adocenado que queda inerte y no transmite ese estremecimiento, esa «honda palpitación del espíritu», como diría Antonio Machado, que irradia la verdadera creación artística.

Aunque los temas que maneja el arte no sean escasos, hay que convenir en que son limitados, y los clásicos —por algo son llamados así— llevaron a cabo un despliegue maravilloso y prácticamente total de ese elenco convertible en materia artística. Pero eso no quiere decir que la Antigüedad cerrara los caminos al arte. Esa misma temática, ya inventada, habrá de ser luego tratada múltiples veces a través de los siglos pasados, presentes y futuros por otros artistas que, recogiendo esa masa reelaborada docenas de veces y convertida por ello en tradicional, comunicarán una emoción nueva destellada de su genio personal.

Tradición y originalidad; éste es el caso de Jorge Manrique y el de todos, en definitiva. No se puede dejar de vivir dentro de la Historia, pero no se vive sólo de la Historia. De ella se recibe una corriente indeclinable que en cada momento y en cada caso hay que neovitalizar aportando la esencia más íntima del ser individual, el soplo personal distintivo que renueva. Es seguramente la función más característica y exclusiva del ser humano y el artista, el poeta, que antes que nada es un hombre, realiza en su arte este fenómeno de recreación constante de un mundo dado en el que ya existen de siempre las grandes cosas: Dios, el amor, el paisaje, la libertad, la muerte..., pero que por virtud de un *místico* entroncamiento con el genio individual vuelven a nacer cada vez que éste las toca.

Los dos temas fundamentales que Manrique trató, el amor y la muerte, tienen una larguísima tradición sucesivamente enriquecida con insignes aportaciones originales, y a veces remansada con repeticiones inoperantes que denotan una carencia de genio creador cuyos resultados, si no es que ya nacen muertos, pronto se diluyen en el limbo de los tiempos. Lo que interesa en este caso es descubrir en la obra manriqueña su específica voz, su modo de adentrarse y de quedarse en esos temas. No es mero prurito de la erudición histórico-literaria el señalamiento de antecedentes, influencias y correlaciones que demuestran la persistencia de la tradicionalidad, pero ésta quedaría suspensa, y, por tanto, negada en tanto que es una sucesión, sin los aportes, más o menos caudalosos, de sucesivas individualidades originales.

La caudalosa tradición de estos dos temas encuentra en la poesía castellana del siglo xv el ambiente más propicio y prolifera en ese momento hasta alcanzar un rango prioritario. Las venas de todos los poetas destilan el dolorido placer de amores, ya viejo de tres siglos al menos, pero recién estrenado en la lengua de Castilla, y los varios matices de las reacciones ante la muerte, también decantadas por el tiempo, y esta vez muy al hilo con la esencial gravedad que caracteriza a nuestra meseta. El Cancionero de Baena recoge ambas tradiciones, foránea la una aunque instalada de antiguo en la vecina Galicia; asimilada ya la otra desde los versos del Arcipreste, del Canciller Ayala o de la *Danza de la muerte*. Jorge Manrique tenía muy a su alcance inmediato una enorme masa en la que poder entrar a manos llenas.

El amor cortés

Es indudable que si Jorge Manrique no hubiera escrito más que sus versos amatorios, hoy no pasaría de ser un poeta más entre tantos otros como pueblan los Cancioneros de su tiempo. Su fama la debe enteramente a las *Coplas* motivadas por la muerte de don Rodrigo, y si el caso no es único, por lo menos es de notar que le haya bastado un solo poema para alcanzar un primer puesto en el Parnaso español. (Pensemos en otros poetas, como el capitán Fernández de Andrada o Pedro de Medina Medinilla, a quienes ha ocurrido algo parecido.) La misma categoría de las *Coplas* ha oscurecido al resto de las composiciones manriqueñas que, si ya de por sí no poseen fuerza suficiente para sobresalir, sufren evidente detrimento con la comparación. Quizá por eso los juicios que la crítica dedica a unas y a otras, justísimos en su valor sustantivo, es verdad, no están expresados en forma demasiado amable para este montón de versos un tanto desvaídos que figuran como un peso muerto en la obra de Manrique.

La poesía amorosa del siglo xv, y con ella la de nuestro poeta, repite y sutiliza los trillados conceptos del amor cortés que, si tiempos atrás pudieron tener quizá una autenticidad poética y representaron una forma de vida, a fuerza de ser repetidos y de encarnarse dentro de lo acostumbrado se convirtieron en tópicos. Hará falta que, ya dentro del siglo xvi, se consolide en España la versión petrarquista del amor, ya tópica también en Italia, para que la poesía española se desenvuelva en una atmósfera más pura y reciba, como un aire fresco, nuevas formas y contenidos que barran, aunque no del todo, los rebuscamientos de la poesía de los Cancioneros.

No obstante, para obtener un juicio mesurado y objetivo, conviene considerar esta poesía dentro de su contexto histórico. Cierto que hoy es poco, muy poco, lo que puede decir al hombre moderno tan lejano de aquellas formas de vida; pero si hubiéramos de estimar la literatura y el arte en general con arreglo a nuestros gustos actuales y al medio en que nos movemos, tendríamos que desechar una parte muy considerable de sus creaciones. Puesto que la poesía trovadoresca tuvo una duración tan persistente y unas matizaciones tan variadas, hay que convenir en que llenó y satisfizo la estética de toda una larga época, que ya no es la nuestra, y que, por lo menos, es indicativa de otra sensibilidad acendrada sobre bases auténticas testificadas por la Historia. Por otra parte, un lector agudo e imparcial no dejará de apreciar en aquellas sutilezas el refinamiento exquisito del sentimiento amoroso poético que se adelgaza y analiza hasta lo inverosímil dentro de un complicado sistema que en aquel tiempo no era un mero convencionalismo.

Desde el siglo XII se impone y perdura en el mundo medieval, y sobre todo en Francia, tanto la provenzal como la del norte, un estilo de vida que responde a unos ideales románticos fuertemente determinados por los condicionamientos cristianos [25]. Cuaja así un verdadero dogma vital que define una compleja sociedad caballeresca y cortesana con su fisonomía propia. La política y la guerra, el trato social y las costumbres, todo, hasta los nimios detalles de la vida cuotidiana, se armoniza con aquellos ideales de los que la poesía es expresión y vehículo. Es obvio pensar que uno de los factores más importantes de aquel tejido social tenía que ser el amor vivido y cantado dentro de los supuestos que caracterizan a la vida bajomedieval y, como dice Huizinga: «no sólo en la literatura y en las artes plásticas encuentra el deseo de amor su reducción a forma, su estilización. La necesidad de dar al amor un estilo noble y una noble forma encuentra en las formas de la vida misma un ancho campo donde desplegarse: en el trato cortés, en los juegos de sociedad, en las diversiones y deportes. También en todo esto se sublima continuamente el amor y se torna romántico. La vida respira en ello el

[25] Vid. Vedel, Valdemar, *Ideales de la Edad Media*, traducción española, 4 vols., *Colección Labor*.

aire de la literatura, mas en conclusión, ésta lo aprende todo de la vida. En el fondo, la visión caballeresca del amor no ha aparecido en la literatura, sino en la vida. El motivo del caballero y de la dama amada se daba en las circunstancias reales de la vida» [26].

Durante muchos siglos la idea y la práctica del amor habían estado regidas por la libido, y su código era el *Ars amandi*, de Ovidio. El amor era un impulso de carácter sensual y perfectivo que aspiraba al goce material y al logro definitivo y absoluto. Pero la vida cortesana de los castillos occitánicos en el siglo XII adoptó una nueva y extraña inteligencia erótica en la que predomina la idea de servicio permanente y desinteresado Es el llamado *amor cortés*. El amante no se propondrá un objetivo o una meta, como es cobrar la pieza de caza y satisfacer en ella un afán de victoria, sino que se mantendrá en un *estado de amor* que no aspira a ninguna recompensa o galardón. Es un imperfectivo amar por amar que se mantiene permanentemente, a través de múltiples matizaciones como servidor humilde y fiel en homenaje sin esperanza a la mujer amada. Lo característico del amor cortés, en contraste con el amor ovidiano, es la sumisión del amante ante la soberanía de la dama, la *señora*, de la que nada espera y a la que dedicará toda su vida en actitud de delicuescente melancolía. De ella va a provenir el tono doliente y gemebundo del poeta amante que llora no su desventura ante un fracaso, que sería una solución, sino el paradójico *dulce mal de amor* con las agravantes de consentimiento y perduración. No hay un grito de pasión triunfal o de rabia ante la derrota, ni una solución definitiva en el juego del amor; no hay pugna mutua de contrarios en la que se vence o se es

---

[26] J. Huizinga, *El otoño de la Edad Media*, trad. esp., Revista de Occidente, 5.ª ed., Madrid, 1961, pág. 106.

vencido. La batalla se libra de continuo sin resultado en el interior mismo del poeta-amante que padece y se deleita a la vez en ese estado de amor sin ulteriores consecuencias. Cierto que no siempre ni en todas partes se conservó íntegramente puro este sentimiento, y más de una vez se ve asomar a «los viles actos del libidinoso fuego de Venus», como diría Juan de Mena [27]; pero esas fueron sus bases primordiales hasta el punto de considerar el matrimonio y las relaciones conyugales al margen del amor y de la moral.

Inventado el amor —podría decirse— asistimos seguidamente a la codificación de su complicada casuística, a la creación de una ciencia de amor o filografía cortés que analiza las más sutiles matizaciones, establece grados, describe circunstancias y ocasiones y habilita una críptica simbología. De todo ello será el máximo exponente el gran poema francés del siglo XIII conocido con el nombre de *Roman de la Rose.*

La llamada reina de los trovadores, Leonor de Aquitania [28], nieta de Guillermo IX, el primer trovador, sembró de cortes de amor sus estados patrimoniales y los de sus dos sucesivos esposos, Luis VII, rey de Francia, y Enrique Plantagenet, duque de Normandía y rey de Inglaterra. Fue la musa inicial de la poesía que cantaba este tipo de amor, y a ella iban dirigidos nada menos que los versos de Bernard de Ventadour. En la corte de una hija suya, María de Champaña, el clérigo André le Chapelain redujo a reglas y redactó la dogmática del nuevo amor en su tratado *Ars honeste amandi.* La intercalación del término *honeste* en el primitivo título de Ovidio es altamente significativa. Con él comienza todo un conocido proceso de idealización de la mujer y del amor

---

[27] Juan de Mena, *Laberinto de Fortuna,* copla 114.
[28] Vid. Regine Pernoud, *Leonor de Aquitania,* traducción española, *Colección Austral,* núm. 1454, Madrid, 1969.

que culminará en la *donna angelicata* de los estilnovistas [29].

La poesía amorosa de Jorge Manrique

Esta estilización del amor es, como apunta el citado Huizinga [30], uno de los factores más importantes en los rumbos del espíritu medieval, y el contenido de una caudalosa y prolongada corriente que desbordó los límites políticos y geográficos e inspiró a numerosos poetas que en lenguas diversas contaron el *amour courtois*.

Nuestras literaturas gallega y catalana adoptaron pronto estos modos de cortesanía trovadoresca, y mediante la integración, gallega primero y catalana después, en lo castellano entró en éste tan vieja tradición poética. Ya lo sabemos: en el *Cancionero de Baena* se produjo el trasvase de las dolientes trovas gallegas que Macías y el Arcediano de Toro hicieron sonar por última vez en lengua atlántica. En esta lengua compone sus trovas amorosas Don Pero González de Mendoza (1340-1385), abuelo del Marqués de Santillana. No faltaba en Castilla quien las componía también en provenzal, como aquel Martín el Tañedor de cuyos sones, «así en castellano como en limosín», gustaba Villasandino. Este último y otros poetas como Pero Ferruz o Garcí Fernández de Gerena

---

[29] Existe una amplísima bibliografía moderna que estudia los contenidos y el desarrollo de este fenómeno capital. Pueden consultarse los trabajos siguientes:

A. Pagés, *Auzias March et ses prédécesseurs*, París, 1912.

Otis H. Green, *Courtly love in the spanish Cancioneros*, P. M. L. A., vol. LXIV, 1949, pp. 247-301.

Pedro Salinas, *Jorge Manrique, op. cit.*

Rafael Lapesa, *La trayectoria poética de Garcilaso*, Selecta de *Rev. de Occidente*, 1.ª ed., 1948, 2.ª ed., 1968.

Rafael Lapesa, *La obra literaria del Marqués de Santillana*, Madrid, 1957.

Keit Whinnom, *Introducción a* Obras Completas de Diego de San Pedro, I, Madrid, Clásicos Castalia, 1973.

[30] *Op. cit.*

darán el paso definitivo hacia el castellano, no sin incurrir en curiosas mezclas lingüísticas [31]. Un breve lapso más y daremos con Santillana, que, como es sabido, recoge en su poesía todas las corrientes autóctonas y extrañas que la tradición hace llegar a Castilla, y Don Iñigo será también —¿cómo no?— un cantor de la galantería cortés si bien se cuida de hacer constar que no a *fuer de enamorado*, como nota el mencionado Lapesa en su precioso libro sobre el Marqués. A partir de esta base fundamental se dará durante todo lo que queda del cuatrocientos y hasta Boscán y los comienzos de Garcilaso una verdadera floresta poético-amorosa en cuyo contexto encontramos a Jorge Manrique. El fuego amatorio viene avivado por el clima concomitante de los relatos de Amadís y de la llamada novela sentimental.

Manrique recibirá ya constituida y asentada toda una sistemática del amor y unas ya sobadas formas y prácticas poéticas que responden a cada situación y a cada matiz del juego erótico [32], y tendrá que acomodarse a esta realidad establecida en cuya atmósfera es ineludible la reiteración de temas, vocabulario y recursos poéticos. Este sentimiento amoroso, con sus sutiles variantes, impregna toda la vida literaria castellana de estos años finales del xv, en los que, por otra parte, se escribe la *Cárcel de Amor*, toma cuerpo el héroe enamorado con Amadís y cuaja el tema conflictivo del amor en una obra cumbre: *La Celestina*.

Nuestro poeta va a darnos una visión compendiosa de todo este sistema en el que se conjugan

---

[31] Vid. Rafael Lapesa, «La lengua en la poesía lírica desde Macías hasta Villasandino», *Romance Philology*, 1953, págs. 51-59. *Ibíd.*, «La obra literaria del Marqués de Santillana», Madrid, 1957.

[32] Vid. Pierre Le Gentil, *La poesie lyrique espagnole et portugaise a la fin du Moyen Âge*, Rennes, 1949, t. I, páginas 75-336.

siervos libres, heridas de amor, mal de ausencias, dolientes dulzuras, llagas mortales, muertes que dan vida... como vemos en el poema *Diziendo qué cosa es amor*. Veremos el alegorismo que relaciona las penas y fatigas del amante con los trabajos de la guerra y la estructura de los castillos: esfuerzos angustiosos, batallas, muros almenados, saetas, torres del homenaje, cavas chapadas, atalayas, escaladores... como puede comprobarse en *Castillo de amor* o *Escala de amor*. El servicio del amante será un culto religioso en el que también caben herejías y se opondrá a las divinidades de una y otra religión:

> Oh muy alto dios de amor

y

> Ese Dios alto sin cuento.

Aparecerán, la Fortuna, tema nuclear del siglo xv; las justas de amadores en las que se competía con una glosa a la alegoría que portaba como enseña la cimera del justador, y así lo vemos en aquella ocasión en que don Jorge, y también el conde Haro, mostraba los cangilones de una noria ilustrados con cuatro lindísimos versos:

> Aquestos y mis enojos
> tienen esta condición:
> que suben del corazón
> las lágrimas a los ojos.

Los motes propuestos, como aquel que dice

> Ni miento ni me arrepiento.

o el otro, que Manrique deforma

> Yo sin vos, sin mí, sin Dios.

las preguntas o recuestas. Todo, en fin, lo que constituye aquella estructura poético-social. Como dice Pedro Salinas: «Por dondequiera que la miremos, esta poesía amorosa de Manrique, realizada en breves poemas, de aspecto a veces ligero, abunda en correspondencias lógicas internas, y tomada en conjunto tiene aires de una construcción intelectual bien diseñada. No son estos poemas, aunque leídos sueltos puedan engañarnos, livianas poesías ocasionales, que vuelan cada una por su lado y nos descarrían la atención por varios caminos divergentes, no»[33].

No podemos decir que Manrique abriera nuevas salidas haciendo oír una música nunca oída en estos caminos trillados. Lo ritual y formulario atenúa su voz propia y frena la apertura hacia lo personal aunque no falten delicados momentos que acrediten la existencia de un gran poeta. Como dijo Luigi Sorrento, refiriéndose en general a los cancioneros: «Estos versos tienen, sobre todo, un valor histórico y literario en tanto que repiten, en general, motivos y actitudes comunes del estilo trovadoresco... pero entre tantos lamentos monótonos y obligados, y los artificios de moda o los juegos de palabras... emergen notas que caracterizan aquí y allá aspectos particulares de una precisa personalidad»[34]. Juicio que Salinas reitera con más precisión notando que falta en estos poemas manriqueños «la incorporación total del autor, la adhesión de su ser entero a la obra que está escribiendo» en la que «puso algunos leves sombreados de sentimiento, algunas finuras de concepto, que son suyas. Pero lo mejor de su alma permaneció ajena a esta operación del ingenio poético. Y por eso se nos aparece como un trovador retrasado o un poeta neo-cortesano en rezago»[35].

[33] Pedro Salinas, *op, cit.*, pág. 21.
[34] Luigi Sorrento, *La poesia e i problemi della poesia di Jorge Manrique*, Palermo, 1941, págs. 17-18.
[35] Pedro Salinas, *op. cit.*, págs. 43.

La poesía burlesca

La tradición trovadoresca había transmitido también el género burlesco de maldecir y hasta de injuria. Para ella se usaba, allá en Provenza, el *sirventés* en sus más variadas modalidades, mientras nuestros juglares alternaban sus cantigas de amor y de amigo con las de escarnio y maldecir.

El siglo xv, época de tensión política y de transición e inestabilidad, ofrecía un terreno abonado para el florecimiento de la burla y de la sátira tanto política como personal. Sirvan de ejemplo de la primera las *Coplas de Mingo Revulgo*, y de la segunda, por activa o por pasiva, la estrafalaria figura de Villasandino, o las de Montoro, Torrellas o Juan Poeta, contra el que, por cierto, escribió don Pedro Manrique, hermano de don Jorge, las dos composiciones que de él conocemos.

Jorge Manrique cultivó también la poesía de burlas, que nunca en él llegó a ser sátira feroz. A este género corresponden los poemas 45, 46 y 47 de esta edición.

En el primero, de sólo nueve versos, juega con el doble sentido de la palabra «prima», cuerda para tañer y pariente, refiriéndose al mal servicio que le hacía una prima suya en unos amores, y al desconcierto que produce en el instrumento una prima mal templada. El uso de equívocos era característico en las Cantigas de escarnio [36].

La segunda composición, que ha tenido más fortuna que otras, quizá por lo jocoso del tema, se dirige a una mujer borracha que empeña su manto o brial para seguir bebiendo. Lo que le

---

[36] Vid. Menéndez Pidal, *Poesía juglaresca y juglares*, 6.ª ed., Madrid, 1957, pág. 161.

permite establecer una verdadera romería del vino.

La última, escrita probablemente después de 1476, delata las malas relaciones de los hijos de don Rodrigo con doña Elvira de Castañeda, que a la vez era cuñada de don Jorge.

Todos ellos son versos que por sí solos no darían a Manrique la gloria de gran poeta.

La obra maestra

Estamos viendo un Manrique inserto en los módulos de una tradición poética. Las *Coplas a la muerte de su padre* están también dentro de una caudalosa corriente literaria que refleja la preocupación medieval por el tema de la muerte [37]. Simultáneamente con el *Ars amandi* que hemos visto y que tanto juego dio durante siglos, la Edad Media va elaborando también un *Ars moriendi*. Pero así como en los versos amatorios y en los burlescos nuestro poeta se mantiene fiel a unos tópicos previos, matizados con leves toques personales, en las *Coplas*, ese «escalofrío ligero que nos sobrecoge un momento y nos hace pensar» [38], observamos la voluntad de estilo de don Jorge y su necesidad de dar al tema una interpretación propia nacida de su vivencia individual. El poema va a conservar elementos y estructuras que venían repitiéndose con prolija reiteración; pero la actitud propia del poeta, fusionado íntimamente con el problema a través de su contacto con un motivo literario de tan larga tradición y por experiencias personales sentidas en su propio entorno familiar, nos va a dar una nueva dimensión

---

[37] Vid. Italo Siciliano, *François Villon et les thèmes poétiques du Mogen Âge*, París, 1934, También, Huizinga, *op. cit.*, págs. 189-206.

[38] Azorín, *Al margen de los clásicos*, editorial Losada, 3.ª ed., Buenos Aires, 1958, pág. 18.

del tema. Una perfecta integración de ambos estímulos, el literario y el vital, expresada en formas adecuadas, permite a las *Coplas* arrancar de una raíz viva y operante en el poeta mismo.

La experiencia de la muerte

Cuando Jorge Manrique escribe su obra, existe ya todo un complejo cultural sobre el tema, que se ha venido elaborando a través de los tiempos. Entre los factores que han dado lugar a este complejo conviene destacar los siguientes:

1.º La eterna consideración con que comienza el Eclesiastés: «Vanidad de vanidades, dijo el Cohelet; vanidad de vanidades, todo es vanidad.»

2.º El viejo tema, también de origen bíblico, que se resume en la fórmula «Ubi sunt qui ante nos in hoc mundo fuere?»

3.º Con estos dos temas anteriores se empareja la meditación sobre la fugacidad de las cosas, y la estimación, positiva o negativa, del plazo de la vida. Es sabido cómo, ante este problema, la Edad Media se resuelve en una actitud de *contemptu mundi* o desprecio del mundo causante de un tétrico *memento mori.*

4.º El sólido arraigo en la literatura medieval, del *planto*, o llanto por la desaparición de seres queridos o admirados, así como también el elogio personal al sujeto ilustre arrebatado por la muerte. Aunque con alguna destacada excepción, este planto elegíaco está motivado por la ruina vital o caída de algún varón excelso, con lo que esta forma queda estrechamente vinculada con el tema *De casibus virorum illustrium*, de Boccaccio.

5.º La presencia de la muerte misma como personaje, tema que ofrece numerosos aspectos: la igualación de grandes y chicos ante el supremo trance; el terror producido por la igualadora, pintada con rasgos horripilantes; la danza macabra;

la podredumbre de los cuerpos muertos; la intervención de la Fortuna, etc.

6.º La Fama o memoria ejemplar que legan los que pasan a los que quedan, tema también de raigambre clásica que adquiere nuevos y trascendentes vuelos en el prerrenacimiento.

Por separado o fundidos entre sí, estos factores fundamentales en que se descompone un tema de validez universal transmiten a los finales de la Edad Media las numerosas variantes de un clima hecho que constituye uno de los rasgos determinantes de la época. La honda tradición de todos ellos ha sido amplia y detalladamente estudiada. Han dejado páginas memorables sobre el tema autores como Gilson [39], Huizinga [40], Siciliano [41] y otros que muestran la vigencia permanente de esta inesquivable preocupación del hombre.

Severino Boecio (480?-524) en su *De consolatione philosophiae,* tan leída en las escuelas medievales acuña y transmite la idea bíblica y patrística sobre la vanidad y la labilidad del mundo, idea que a mediados del siglo XII se desarrolla en un poema latino del monje Bernardo de Morlay donde se propone la famosa y reiterada pregunta *ubi sunt?, ubi sunt?* Pocos años más tarde, el que había de ser luego Inocencio III escribe su tratado *De contemptu mundi,* tema mollar de la predicación eclesiástica que declara al mundo enemigo del alma, y a la muerte como liberadora para el acceso a la verdadera vida. La consideración nostálgica de que todo pasa y de la muerte como salvación hacia la eternidad predomina durante todo el siglo XIII y crea, como señala Valbuena Prat [42], una actitud de suave resignación y hasta de beatífico gozo que observan ante la muer-

[39] S. Gilson, *De la Bible à Villon,* París, 1923.
[40] J. Huizinga, *op. cit.,* cap. XI, *La imagen de la muerte.*
[41] I. Siciliano, *op. cit.*
[42] Valbuena Prat, Ángel, *Historia de la Literatura española,* 1.ª ed., Barcelona, 1937, cap. X.

te los santos de Berceo o las figuras del camposanto de Pisa, atribuidas a Orcagna. El menosprecio por el mundo perecedero se encona en asco ante el ruin espectáculo de la materia putrefacta. El mundo es inmundo, y se presentan en absoluto contraste los dos polos opuestos: la podredumbre de la materia y el halo luminoso de la *vita beata*.

La consolidación de la burguesía y el establecimiento de un mundo más cómodo, fuente de placeres que satisfacen los instintos del hombre afincado en la tierra, promoverá en el siglo xiv la protesta contra la muerte que se convertirá en un personaje funesto y truculento, tanto más por ser ineludible. La que antes era salvadora, será ahora verduga, y los poetas, los escultores, los miniaturistas, se cebarán en la pintura de su retrato y la llenarán de escarnio y de odio:

> lo dulce haces hiel con tu mucha amargura

exclama nuestro Arcipreste de Hita (estr. 1548). Esta saña frente al horripilante esqueleto, blandiendo su guadaña y señalando a cada mortal con su descarnado dedo, será la venganza inútil contra la que viene a recordar que

> Ya non es tiempo de yazer al sol
> con los perroquianos beviendo del bino

como se dice en nuestra anónima *Danza de la muerte* de finales del xiv o comienzos del xv. No habrá opción posible en el duro trance de salir a danzar, pero el designado, si no se acoge a la consideración de «que todo ha de pasar / por tal manera», se concederá el gusto de llenar de exabruptos a su victimaria.

Esta muerte, ahora cruel e inoportuna y que además no distingue de clases sociales, se convierte, como dice Italo Siciliano [43], «en el personaje

---

[43] *Op. cit.*

39

más importante de un drama lúgubre que se desarrollaba en escenas innumerables». Los siglos XIV y XV hacen de ella el corifeo de una danza macabra en la que hay que participar inexcusablemente abandonando las amables ataduras mundanas. El tema de esta danza inútilmente protestataria fue probablemente objeto de escenificación en el riquísimo teatro francés de aquellos siglos, pero quizá la representación más efectista de este asunto fueran las pinturas murales y las inscripciones que ornaban el pórtico del cementerio parisino de los Inocentes, derruido en el siglo XVII. Hoy no queda de él más que la gran Muerte que se conserva en el Museo del Louvre, pero sí quedan las reproducciones grabadas en madera que ilustran la primera edición de la *Dance macabre* hecha en 1485 por Guyot Marchant.

Alternan y conviven, pero se oponen desde su raíz dos visiones antitéticas del gran personaje: una idea medieval negadora del mundo que, teóricamente al menos, recibe a la muerte con resignación y hasta con alegría; y otra, vitalista, explosiva y gozosa que se arregosta en placer sólo turbado por la siempre inoportuna llamada a la danza. Por un lado, los incesantes ecos de la moral y de la predicación que insiste con ejemplos de lo que fue y ya no es; por otro, la proclamación vital del *Decamerone* o de *Les très riches heures du Duc de Berry*. Pero siempre con la muerte a la espera. «Nunca la muerte había estado tan presente al espíritu y mezclada a la vida como en la Edad Media. Nunca conoció tantos homenajes y tantas invectivas. Jamás fue tan popular y hasta familiar. Sin embargo, a la larga, esta familiaridad fue fatal a su prestigio, arruinó su majestad, menoscabó el terror de los vivos. Se hablaba demasiado de ella. Su culto llegó a ser mecánico, su exaltación monótona. Se diría que todo esto, más que manifestación de una sen-

sibilidad enfermiza, era el resultado de una in-
sensibilidad total» [44].

En nuestro país, tanto en Castilla como en Ca-
taluña, se recogen estas corrientes europeas y dan
sobre todo una *Danza de la muerte*, conservada
en un manuscrito escurialense [45], que, si está sola
en su momento preciso, será el punto de partida
de un persistente y diversificado tema que llegará
a ser fundamental en el barroco del XVII. La
poesía española de los años premanriqueños reitera una y otra vez las lamentaciones elegíacas
por la muerte no sólo en abstracto, sino refiriendo
casos individuales desde el desgarrado llanto por
Trotaconventos, en Juan Ruiz, hasta la *Defunción
del caballero Garci-Lasso de la Vega*, en Gómez
Manrique, pasando por Ferrán Sánchez de Calavera, Fray Migir, Pérez de Guzmán, Santillana o
Mena. La tercera y el más alto magnate tendrán
su planto, y unas veces será una airada protesta,
otras, dará lugar a la lección moral de que la
muerte es para todos y que también murieron
los grandes del pasado de los que nada queda:
caídas de príncipes, ubi sunt?

Jorge Manrique tiene a mano un recrecido caudal poético con el más variado tratamiento del
tema. Dentro mismo de su familia, su tío don
Gómez dedicó muchos versos a estos ya lugares
comunes, y alguna vez su llanto está ocasionado
por motivos íntimos y entrañables, como cuando
consuela a «su muy amada muger», doña Juana de
Mendoza, por la muerte de una hija común [46].
Todos estos antecedentes podían facilitarle una
abundante experiencia literaria con variadas fa-
cetas de un asunto que a fuerza de ser repetido ha
marchitado un tanto su belleza y su fuerza original. Sin otro factor decisivo, Manrique pudo

[44] Siciliano, *op. cit.*, pág. 262.
[45] Vid. Florence Whyte, *The Dance of Death in Spain
and Catalonia*, Baltimore, 1931.
[46] Vid. R. Foulché-Delbosc, *op. cit.*, t. II, págs. 15-20.

haber sido en las *Coplas*, como en el caso de la poesía amorosa, un número más de una larga serie; pero es evidente que no fue así y que su gran poema revitalizó el tema y, sin salirse apenas de los materiales que le proporcionaban sus precedentes inmediatos o remotos, le infundió nuevos valores máximos.

Originalidad

La poesía es una creación en la que básicamente concurren de modo indispensable dos elementos: una vivencia capaz de conmocionar el complejo psicológico del poeta, y una perfecta adecuación de esa vivencia con unos significantes idóneos. Se trata de objetivar un contenido psíquico suficiente, pero amorfo e inconsistente en sí mismo, plasmándolo en la justa palabra salvadora con la que se fusiona y adquiere esencialidad permanente. La emoción fugitiva restañada en una imagen virtual perdurable.

Manrique no es un mero contemplador de la muerte, un filósofo que discurre, con mayor o menor profundidad, sobre un mundo que se desvanece. Además de eso, que se da por supuesto, lo que cuenta en este maravilloso fenómeno de la creación poética es su absoluta identificación personal con esos contenidos. Lo que juega ahora no es ya un tema del que el poeta pueda desligarse, sino su propio e indeclinable ser conformado según su naturaleza individual. No es la muerte, es *su muerte* ínsita.

En una página anterior se ha hecho mención del frecuente e inmediato contacto de don Jorge con la muerte cebada en sus familiares y allegados. La reiteración de esta desgracia pudo encallecer una naturaleza distinta de la suya, o desencadenar gritos de dolor o de protesta que luego se acallan y deslíen. En él, cada caso sería, con toda probabilidad, un formante que va ejerciendo su labor modeladora hasta conseguir un esencial modo de ser. Aquí podría repetir con más verdad que en sus versos amorosos

> que la muerte anda revuelta
> con mi vida

Cierto que las *Coplas* se escriben con ocasión de un hecho conocido: la muerte del maestre don Rodrigo, su padre, por añadidura. Es posible que sin este acontecimiento no se hubiera producido el poema. Cierto también que se percibe en ésta y en las demás *caídas* que enumera una actitud contristada por el hecho circunstancial. Pero sobre esto, que queda atenuado en un discreto segundo plano, lo que importa es la fluencia de todo un sentido de la vida y de la muerte. Como dice Américo Castro, en Jorge Manrique «*el morir* era un *morirse*, y un *se me murió*, por y para algo*». La presencia del cadáver de su padre, todavía caliente, producirá la conmoción en la que, superando la herida natural del hijo, quedará al desnudo la verdad universal de lo que se va y de lo que se queda para ir yéndose, la conciencia de un estar pasando hacia una sublimación, el estremecimiento ante un sentir dolorido de la existencia que está, momento a momento, transformándose en esencia. «Las *Coplas*, por consiguiente —dice el mismo Américo Castro—, valen por ser mucho más que un prolongado tópico, armonizado en dulces cadencias para halago de los sentidos y reposo de almas intranquilas en el supremo trance. Su virtud se funda en haber superado lo engañoso del vivir merced a una cierta y entrañable conciencia de su fluir, por la creada por el poeta. No somos ríos —la imagen, así tomada en su sentido directo, es inoperante—. Ahora bien, sentir *como* si fuésemos ríos, con una conciencia sensible que permanece y dura por serle inherente su mismo estar *transiéndose*, eso

43

sí permite gozar del perenne fluir de esta vida comunicable —una creación única y absoluta de realidad humana—. Sin el "nuestras vidas son los ríos..." no nos razonaríamos ahora cómo tan desanimadora elegía pudo conservar su dulzura, aún sabrosa a los quinientos años» [47].

Unos años antes que Jorge Manrique, escribía Villon su *Ballade des dames du temps jadis*, maravillosa pieza de la lírica francesa. El poeta de París lamentará también el sino perecedero de todo lo existente representado en las virtudes de unas cuantas damas de antaño, y dejará colgada su melancólica consideración en el estribillo

> *Mais ou sont lès neiges d'antan?*

Preciosa meditación en medio de una orgía tabernaria, que queda pendiente dentro de su tono interrogativo. Todo aquello pasó y ya no existe. Pero Manrique nos dirá que lo que siempre pasó y pasará está pasando ahora, en este momento, y lo siente como un incesante ir dejando. De este modo conseguirá darnos, no una visión histórica y añorante de lo que fue, sino el tremendo escalofrío del fluir permanente, del tiempo que camina y no se detiene.

Quien lea con detenimiento las *Coplas* observará que el poeta pone de manifiesto su sensación del momento actual que se escapa:

> Cómo se pasa la vida,
> cómo se viene la muerte
> tan callando
> ....
>
> Pues si vemos lo presente
> cómo en un punto s' es ido
> e acabado.
> ....

---

[47] Américo Castro, «Cristianismo, Islam, Poesía en Jorge Manrique», en *Papeles de Son Armadans*, mayo, 1958.

> Partimos cuando nascemos,
> andamos mientras vivimos,
>   e llegamos
> al tiempo que fenescemos;
> assí que cuando morimos
>   descansamos.
> ....

> Non mirando a nuestro daño
> corremos a rienda suelta
>   sin parar;
> desque vemos el engaño
> e queremos dar la vuelta
>   no hay lugar.

Dejemos las historias antiguas; no nos preocupemos de lo que pasó, y veamos que también lo más reciente, lo de ahora, está pasando.

Esas primeras personas de plural, también usadas con el mismo objeto por Sánchez de Calavera, universalizan el tema; pero el frecuente empleo del presente de indicativo lo objetiva y lo sitúa en la fugitiva hora vivida.

Hasta en aquellas preguntas sin respuesta: «¿Qué se hizo?», «¿qué fue?», «¿dónde están?», contribución inevitable al tradicional tema «¿Ubi sunt?», se percibe, tras la melancólica lamentación sobre el pasado, la sensación estremecida de lo inmediato. Lo que Manrique echará de menos no es la belleza perdida de Helena, o de Flora, no son «les neiges d'antan», sino algo que ha pertenecido a su vida y no como un conocimiento libresco, sino como una realidad palpable. Como dice Menéndez Pelayo [48], las *Coplas* hablan «de algo vivo, de algo que todavía conmueve las fibras de su alma».

Manrique es original precisando el tema dentro de su círculo vital y actualizando todos los presentes posibles. Él lo ha visto y sentido en su

---

[48] Menéndez Pelayo, Marcelino, *Antología de poetas líricos castellanos*, Ed. Nac., t. II, pág. 408.

propio ámbito y, aparte afectos y odios personales, nos da su estremecimiento ante lo que está dejando de ser, el es que fue frente a un definitivo y empolvado fue. Con ello nos da toda la hondura de ese protagonista que anda como desleído a través de todas sus coplas: el Tiempo. Con Quevedo y con Antonio Machado, Manrique es un gran poeta que transmite la vibración del tiempo esquivo. (Y, dicho sea de paso, en *El arte poética de Juan de Mairena*, Machado hace decir a su apócrito profesor de Retórica unas profundas observaciones sobre el tema [49].

Otro aspecto en el que nuestro poeta se distancia con evidente acierto es el que Américo Castro ha llamado «la muerte bella» [50], y lo será por dos conceptos que se implican mutuamente.

Uno es que el de costumbre antipático y repulsivo personaje, antes objeto de descripción con todas sus cualidades y atributos, será ahora un ente inmaterial, una simple voz y casi un mero trámite necesario. Fuera esqueleto y guadaña; fuera, mucho más, carroña y podredumbre. Nada de crispaciones. La muerte no es ya el sujeto de un *matar*, es el hombre quien realiza la acción de un *morirse*, y lo hace con limpieza y con elegancia, con estilo y como sabiendo que él es el protagonista y, en definitiva, el vencedor. El individuo Muerte como simple instrumento, y el individuo muerto que ahora se entrega.

> con voluntad placentera
> clara e pura

sabedor de que con sus obras ha labrado un monumento indeleble en la memoria de los que quedan. No es sólo la conquista de la vida del cielo,

---

[49] *Poesías completas*, 3.ª ed., Madrid, 1933, págs. 369 y ss.
[50] Américo Castro, «Muerte y belleza. Un recuerdo a Jorge Manrique», en *Hacia Cervantes*, Madrid, Taurus, 1957, págs. 51-57.

que eso es ya sabido desde muchos siglos atrás, es la seguridad de «la fama gloriosa», de otro modo de «muerte que da vida». No es casual que las *Coplas* terminen con la palabra «memoria», fundamento de «estotra vida tercera».

Es ya clásica la comparación del poema manriqueño con la serena elegancia del doncel don Martín Vázquez de Arce en la Catedral de Sigüenza. El anónimo entallador ha modelado una figura no yacente, sino incorporada, viva y operante, con un libro que sus manos sostienen con leve esfuerzo y por el que repasa su mirada atenta, con su daga buida punzando apenas la capa del caballero. En el panel lateral derecho del arca, los escuderos, portando arrogantemente el peso del pavés. Nada habla de muerte. Más bien parece la plasmación permanente de un momento de espera para entrar en la batalla de la guerra de Granada. Y allí está, vivo desde hace casi cinco siglos.

Quizá pueda pensarse en una cierta contradicción entre las dos primeras partes del poema, que acaban con la estrofa XXIV, y la última, referente a don Rodrigo. En aquellas, Manrique se duele ante la fungibilidad de lo terreno y da función poética a la inútil pregunta sin respuesta: *ubi sunt*?; en esta proclama más bien un triunfante y afirmativo *hic sunt* o *hic est* opuesto al adversativo «aunque» introductorio de la frase final. La fama salva incluso de la muerte y el que «la vida perdió» permanece en sus obras [51].

María Rosa Lida ha estudiado en un libro ejemplar [52] el tema de la Fama, y ve cómo en Manrique «la idea corriente sobre la reacción de la Edad Media a la fama no es errónea en conjunto,

---

[51] Sobre el tema Vida, Muerte y Ultratumba, vid. Rosemarie Burkart, *Leben, Tod und Jenseits bei Jorge Manrique und François Villon*, Marburgo, 1931.
[52] *La idea de la Fama en la Edad Media castellana*, Ed. Fondo de Cultura Económica, México, 1952.

aunque sí necesita una formulación más cautelo-sa»[53]. Nuestro poeta establece una clara discriminación entre las tres vidas, dos en la tierra y una en el cielo, que desde Boecio[54] se transmiten a la Edad Media partiendo para las dos primeras del *Somnium Scipionis* ciceroniano. No parece descabellado pensar que Manrique al separar claramente los tres planos e iniciar así el doble sentido moderno de lo inmortal quisiera magnificar en el monumento a don Rodrigo un orgulloso sentido de la vida exaltando primero a su padre y en él su linaje que emerge sobre lo que ya no es. La gloria de su apellido nacido, sí, de una rama segundona, pero conquistador de la fama perenne por la virtud y las hazañas. Después de la hoja de servicios del Maestre (coplas XXV-XXXIII)

> a que non puede hastar
> cuenta cierta

las graves palabras de la Muerte que le ofrecen el doble

> galardón
> que en este mundo ganastes
> por las manos

junto con «el vivir que es perdudable», otro tipo de vida de honor de la que puntualiza que tampoco es eterna, pero sí

> muy mejor
> que la otra temporal
> perescedera.

Don Jorge asienta a don Rodrigo en un pedestal y lo exalta como prototipo del héroe digno de la fama. Con ello reafirma indirectamente la priori-

---

[53] *Id.*, pág. 293.
[54] Boecio, *De consolatione philosophiae.*

dad de una clase social, mitifica la grandeza de su clan familiar y sirve a su política banderiza con su «rey natural», «su rey verdadero», frente a su partido contrario, «el de Portugal» y sus seguidores.

Contenido y estructura de las «Coplas»

La causa ocasional del poema fue la desaparición de un ser querido, un hecho concreto. Pero desde este punto de partida, el poeta trasciende a una generalización que le permite hacer un despliegue de temas coherentes entre sí, que es lo que Salinas [55] ha llamado «constelación de temas». Ya quedan enumerados como piezas al servicio de una unidad orgánica perfectamente estructurada. Ninguno de ellos es nuevo, puesto que todos están integrados dentro de una larga tradición literaria; pero sí lo son en su ensambladura concordante y su significado total.

Esta gran articulación orgánica que constituye el conjunto del poema, puede desmontarse en principio en tres partes, como ha expuesto Ana Krause en un estudio ya clásico [56]. La primera, de carácter filosófico y universal; la segunda, ejemplificadora con hechos concretos aducidos como datos probatorios de las anteriores afirmaciones generales; la última, individualizada con el caso de don Rodrigo. Notemos en todo esto dos puntos importantes:

A) Manrique adopta un proceso que va de lo general a lo particular. Pudo haber seguido una marcha inversa, pero este procedimiento no es casual ni indiferente, sino que cumple una misión

[55] *Op. cit.*, pág. 139.
[56] Ana Krause, *Jorge Manrique and the Cult of Death in the Cuatrocientos*, Berkeley, Publ. Univ., California, volumen I, 1937, págs. 79-176.

en el poema colocando en la cima la figura de su padre como erigida sobre una firme base. Podríamos decir que el poema acaba en punta en lugar de desvanecerse en consideraciones dogmáticas de tipo general. Parece lícito pensar que esta disposición es un acierto y que refleja una intención bien determinada de su autor.

B) La tripartición de las *Coplas* se ajusta a la teoría clásica de la composición numérica expuesta por Servio en su latín desastrado: «In tres partes dividunt poetae carmen suum; proponunt, invocant, narrant.» La ordenación de estos grados de la retórica no se corresponde enteramente con la *gradatio* manriqueña, pero ésta entra en los cánones tradicionales y, desde luego, se acomoda a la conocida función mágica del número tres. No falta quien supone, pero haría falta probarlo, que las dos primeras partes, o sea hasta la copla XXIV inclusive, fueron escritas antes de la muerte de don Rodrigo. Si esto fuera así, el planteamiento de la concepción total del poema necesitaría otra formulación, al menos para sus comienzos.

El primer tercio ocupa las coplas I-XIII y comprende tres estrofas iniciales que *proponen* el tema; otra, la IV, de *invocación*, y nueve más, de *exposición*. A su vez, dentro de estas nueve, entre las 5.ª, 6.ª y 7.ª nos parece ver una total coherencia que las hace constituir otra unidad, y lo mismo ocurre entre las restantes. Como ya quedó dicho, los ciento cincuenta y seis versos primeros tienen un carácter de meditación general sobre la fugacidad de la vida y la inestabilidad de las cosas del mundo. Si una vez se alude a los «casos desastrados», la palabra *casos* es un cultismo semántico que comporta un significado de «caída», «desgracia», y no de acontecimiento particular.

La introducción con la palabra *recuerde* es ya el primer detalle poético. Recordar es aquí «volver en sí»; «despertar de un letargo»; no «traer a la memoria» que, por otra parte, sería una restricción del significado auténtico. Teniendo en cuenta que «el alma *dormida*» *ha de despertar*, no cabe duda sobre la significación de ese «recuerde». Surge inmediatamente la identidad con el alma de Fray Luis que, unos años después, ante la música de Salinas

> torna a cobrar el tino
> y memoria perdida
> de su origen primera esclarecida.

Es, por tanto, una exhortación al alma mundanizada para que se eleve y recupere la conciencia de su verdadera naturaleza, que le permitirá *contemplar*, en el doble sentido de «ver» y de «meditar», el fugaz paso de la vida. María Rosa Lida [57] aporta sugerencias muy interesantes relacionando este pasaje con un himno litúrgico, quizá ambrosiano, que se canta en el primer domingo de Adviento, fecha muy próxima al 11 de noviembre en que murió el Maestre.

Otro punto controvertible dentro de esta misma copla es la equivocada interpretación del «cualquiere tiempo pasado / fue mejor». Manrique no se refiere a una calidad superior de lo que ocurrió en el pasado; afirma que es mejor ver las cosas como ya pasadas, puesto que tienen tal inestabilidad en el presente. Gran poeta el que así comunica esta sensación trágica de la vida que pasa, con el dolor de recordar en un futurible el placer del momento presente convertido en pretérito. «Nessun maggior dolore», que diría Dante. Desde los comienzos, el tiempo es un tema mollar de las *Coplas*, y ello nos hace pensar en un Manrique preexistencialista. Esta interpretación se reafirma cuando ya en la estrofa segunda, continuación de la primera mediante la consecutiva «pues», dice

---

[57] Vid. María Rosa Lida, «Para la primera de las Coplas de don Jorge Manrique», en *Romance Philology*, 1962-63, páginas 170-173.

si juzgamos sabiamente
daremos lo non venido
por pasado

El subtema de los ríos, de tan rica tradición
hasta nuestros días, es uno de los que han merecido más comentarios, y esta estrofa ha pasado
a ser literalmente del dominio del público. Es
perfecta y, como a la rosa, no hay que tocarla.
Notemos, sin embargo, el ensamblaje de sus dos
mitades; una de carácter simbólico, y otra en la
que creemos ver concretados esos ríos caudales,
medianos y más chicos con el recuerdo de los ríos
de la tierra madre, según ha visto José M.ª de
Cossío [58].

En la invocación, que podría ser un simple
cumplimiento con la retórica al uso, Manrique
prefiere renunciar al sobado tópico por el que
se solicita la ayuda de los númenes clásicos, el
«pierio subsidio», de Mena. Desde el principio
quiere dar a su poema una intención y un carácter cristianos acusando la falsedad ponzoñosa de
los mitos e invocando «de verdad» a Cristo. Lo
mismo habían hecho en algún caso sus parientes
Santillana y don Gómez. Tanto el uso de las fa-
rragosas invocaciones como la renuncia a las mismas con sentido cristiano, son lugares comunes
de larga tradición [59].

Siguiendo en esta línea, las coplas V, VI y VII
parten del viejo y acreditado símbolo mundo = camino, e insinúan la contraposición *vida terre-
na — vida eterna*, buena la primera si su fin fuera
alcanzar la verdad de la segunda. Lugares comunes de la moral y de la predicación, pero ahí está
la difícil facilidad manriqueña para crear con algo
tan manido la belleza severa y grave de esos versos

---

[58] *Op. cit.*
[59] Vid. Ottis H. Green, «Fingen los poetas. Notes on the
spanish attitude toward pagan Mythology», en *Estudios
dedicados a Menéndez Pidal*, t. I, págs. 275-288.

desnudos y palpitantes que describen la jornada del hombre en la tierra:

> Partimos cuando nascemos,
> andamos mientra vivimos,
> e llegamos
> al tiempo que feneçemos;
> así que cuando morimos,
> descansamos.

La sobrecarga afectiva intensificada en la brevedad de la expresión, se acentúa con el proceso sindético de la frase ternaria enumerativa en el que el engarce del primer verso quebrado con la segunda mitad de la sextilla nos da una ondulación rítmica que se completa con la perfecta simetría de los cuatro últimos versos. Es un recurso musical muy del gusto de Manrique y valdría la pena examinarlo con detenimiento.

Y siguiendo con el tópico moral del erróneo interés por los señuelos del camino, se establece en la copla VII (XIII de otros textos) la contraposición *cara corporal cativa — alma angelical señora*, acomodando un concepto y una denominación que desde Filón y a través de los Padres de la Iglesia toma carta de naturaleza en la cultura latina medieval y se transmite a sus continuadores románicos [60].

Las coplas VIII-XIII sirven como demostración de lo dicho en las anteriores, mostrando —*ved*— como ejemplos generalizados la pérdida de la belleza juvenil, la decadencia de la rancia nobleza de los godos y las riquezas y honores que nos abandonan a la hora de la muerte. Se vuelve a tomar el tema de la *cara corporal*, plena de halagadores encantos:

---

[60] Vid. María Rosa Lida, «Una copla de Jorge Manrique y la tradición de Filón en la literatura española, *R.F.H.*, 1942, págs. 152-171.

la hermosura,
la gentil frescura y tez
de la cara,
la color e la blancura

en los que se saborea momentáneamente el deleite ante el ideal de belleza femenina; se retrata de igual modo en *mañas, ligereza y fuerza* la prestancia del varón; pero todo acaba en esa acogedora metáfora del *arrabal de senectud.* Tan próximas están la vejez y la muerte, que no son más que un arrabal inmediato.

Y lo mismo con la *sangre de los godos,* nobleza decaída en unos que nada valen, en otros que nada tienen. Y con *los estados* o lugares que se ocupan en los distintos estamentos o niveles de la sociedad, que vendrá a destruir la fortuna o el azar, esa voltaria *señora que se muda.* Una fórmula concesiva: digamos que la suerte nos es favorable, pero ahí está la muerte inmediata, oculta tras una preciosa elusión

pues se va la vida apriessa
como sueño.

En la comparación se percibe fácilmente su rica intensidad poética que nada tiene que ver con presuntas y puramente léxicas similitudes calderonianas. Aquí la vida se desvanece como una niebla, *como sueño.*

No le basta todo esto para dejar bien afirmado lo que quiere decir, e insiste en una nueva copla para dejar cerrado el ciclo. Como antes los encuentros físicos, se nos presentan ahora los goces sensuales, *los placeres e dulçores* con su engañoso halago para mostrar en seguida con simbolismo militar de soldado activo cómo esos goces no son más que avanzadillas que hacen correría en descubierto y van a caer en la trampa o celada preparada por el enemigo: *corredores, celada, muerte.*

Hasta aquí la primera parte, honda meditación sobre uno de los temas capitales que el hombre puede plantearse y que Manrique realiza, y plasma dándoles una forma pertinente. Recordemos la conocida anécdota de Mallarmé y no olvidemos que la poesía no se hace con ideas, o, por lo menos, no se hace sólo con ideas, sino con palabras.

Las coplas XIV y XV son, a la vez que un enlace con la segunda parte, una introducción a ésta. Comienza, aunque *in genere*, la particularización casuística con *esos reyes poderosos* —esos, esos de ahí— y con *papas y emperadores / e* perlados (la polisíndeton de la serie enumerativa tiene su función poética), y los contrapone con los *pobres pastores / de ganados*. La Muerte los tratará a todos igual aunque parezca fuerte al orgullo de los señores. El tema tiene larga historia desde el *aequo pede pulsat* horaciano, y está en las *Danzas de la Muerte*, pero no deja de tomar nueva fuerza en Manrique. No interesan ahora las conocidas y lejanas historias de troyanos y romanos; lo que importa es

> lo de ayer
> que también es olvidado
> como aquello.

Nueve coplas, XVI-XXIV, nos permiten asistir al más lucido y solemne desfile procesional de muertos de ayer con sus nombres concretos e individuales. Lo que en poemas anteriores ha sido una danza macabra y contorsionada de meros símbolos: el papa, el rey, el labrador; será ahora una ordenada marcha militar de difuntos ilustres que testimonian personalmente lo que se ha dicho en versos anteriores. Haciendo uso de lo que modernamente, aunque no para este caso, se ha llamado realismo mágico, hace pasar al rey don Juan, a sus próximos parientes los Infantes de

Aragón, a los reyes don Enrique y don Alfonso, reconocido éste sólo por el partido de los Manrique, a don Álvaro de Luna, a los dos hermanos Villena y a

> Tantos duques excelentes,
> tantos marqueses e condes
> e barones

(otra vez la polisíndeton alargando ahora el brillante desfile). Unidos amigos y enemigos. Y con ellos, sus coloreados cortejos, sus atributos, ropas chapadas, fabridas vajillas, infinitos tesoros. Pero todos muertos. De nuevo se siente un regusto sensual que se hiela al instante al descubrir la magia. El contacto con la trágica realidad se mantiene a través de las repetidas interrogaciones en que se desdobla el *Ubi sunt?*, pero por un momento se han hecho presentes justas y torneos, tocados y olores, músicas y danzas, para decirnos a continuación que todo fueron *verduras de las eras* y *rocíos de los prados*, dos metáforas ilustres que con el tiempo han llegado a lexicalizarse.

La acumulación de tantos elementos ordenados en series enumerativas perfectamente encajadas pondera las dimensiones de tanta suntuosidad cuya pérdida se encarece con el patetismo de las interrogaciones repetidas y con la reiteración anafórica del *qué*. Dos imágenes destacan en este sostenido juego de sí y no: la vida como *fragua* donde arde y se forja la fuerza que alienta, y como *claridad*. En el primer caso, la Muerte prepara y alimenta el fuego vital del aún niño Alfonso para hacer más duro su fulminante morir con aquella patética increpación

> cuando más ardía el fuego
> echaste agua

En el otro, la prosperidad de los dos hermanos Villena, maestres respectivamente de Santiago y de Calatrava, y claros varones, se resume en

56

claridad
que cuando más encendida
fue amatada.

Fuego y agua, resplandor y oscuridad, juego de contrarios que pone en evidencia la rápida transición del sí al no.

En el pasaje del quizá para Manrique más entrañable episodio de esta serie, el referido al joven Alfonso izado rey en una rebelión de nobles disconformes, no desaprovecha la ocasión de hacer su política y de exaltar a los suyos que estaban entre los grandes señores que le siguieron.

Las coplas XXIII y XXIV actúan como un epifonema que tras la aportación ejemplificadora de los datos concretos anteriores establece la doble conclusión de que, 1.°, de nada sirve la grandeza del mundo que la muerte deshace; y 2.°, tampoco sirve de nada ofrecer resistencia aunque sea con ejércitos numerosos portadores de enseñas nobles; o con fortalezas invencibles resguardadas tras sucesivos recintos, según la estructura de los castillos; o con trincheras y casamatas guarnecidas —esa *cava honda, chapada*—, o con cualquier otro medio defensivo puesto que hay una *flecha* que *lo passa todo de claro*. De nuevo la imagen de la guerra según se practicaba en aquel tiempo, y, para terminar, el arma decisiva, una flecha impalpable.

Se ha notado cómo Jorge Manrique dispone su desfile en orden perfectamente jerarquizado. A la cabeza, la sangre real con el rey don Juan y sus primos los Infantes de Aragón, hijos del de Antequera, llenos todos de fasto y de grandiosa suntuosidad, cuya evocación revive un cierto regusto sensual. En la misma categoría jerárquica, Enrique IV y su hermano de padre, el joven Alfonso, candidato de la rebelión manriqueña. En un segundo orden siguen el condestable don Álvaro de Luna, *privado* y *degollado*, y los dos maestres, *como reyes* cuya *claridad* fue *amatada*. Salinas [61] hace notar cómo la alusión intencionada de los nombres individuales de estos tres personajes, enemigos del bando de los Manrique, contribuye al efecto perseguido. Sigue don Jorge haciendo política. Y tras ellos la vistosa corte de grandes señores, *claras hazañas* venidas a tierra.

Puede notarse también cómo esta ordenación está relacionada con la estrofa VIII, en la que habla de las cosas desaparecidas por la edad, o términos naturales; por *casos desastrados*, o desastres súbitos, y por caídas de la privanza.

Pero la fúnebre procesión no ha terminado aún. Formando en último lugar, el de honor, don Rodrigo, su difunto más allegado, aunque eso no se haga notar pues no es cuestión de exhibir el dolor del hijo. Varias razones exigen esta colocación; una es que se trata del ejemplo más inmediato en el tiempo, del muerto más reciente; otra, que afecta a la estructura tripartita del poema, es que si había que detallar aquí los valores del personaje, que en los otros casos sólo están insinuados con ligeros, aunque magníficos toques, era preciso dar a esta exposición mayor magnitud que de cualquier otro modo hubiera roto el equilibrio del poema; otra, de carácter también estructural, para completar la composición con las tres partes impuestas por la retórica, enlazadas igualmente según un orden que va de lo abstracto a lo concreto. Y otra, por fin, de carácter intencional, que testifica el objetivo del poeta: erigir un monumento a la *memoria* de Rodrigo Manrique, y esto no podía ir más que al final. Se cierra así un ciclo perfecto que comienza con la reflexión moral, continúa con la elegía y acaba con el triunfo. Incluso las dimensiones de las tres partes comparadas entre sí, ofrecen una simetría armónica:

[61] *Op. cit.*, pág. 172. (Que, por cierto, equivoca el nombre del de Calatrava, siguiendo a Bonilla y a Cortina. Se trata de Don Pedro Girón.)

prácticamente iguales la primera y la última, quince y dieciséis coplas respectivamente; más breve la central, nueve coplas.

También en esta tercera parte del ciclo aparecen equilibrados sus dos temas fundamentales distribuidos en ocho coplas cada uno. El primero que se refiere al elogio de don Rodrigo; el otro, dedicado a su contacto con la muerte. Los dos ofrecen a su vez una multiplicación de motivos perfectamente engranados entre sí.

Manrique dice que no es necesario resaltar los méritos del maestre, pero esto no va a ser más que un convencional punto de partida que destacará todavía más la grandeza del difunto. Por otra parte, la tradición del género literario exigía la presentación de esta hoja de servicios en el momento supremo. El tema del elogio funeral ha tenido luego una larga descendencia hasta nuestros días. Basta recordar la *Elegía* a la muerte de Ramón Sijé, de Miguel Hernández, o el *Llanto por Ignacio Sánchez Mejías*, de García Lorca.

Los méritos del maestre están ordenados en dos categorías de distinta índole: una, la primera, expone las virtudes naturales del héroe; en la otra se relacionan sus hazañas. Así, vienen a ser, respectivamente, el retrato moral de don Rodrigo y el compendio de su conducta.

Menéndez Pelayo [62] hace notar cómo las estrofas XXVII y XXVIII, en las que aparecen los clásicos de las virtudes renovadas en el maestre de Santiago, son una nómina pedantesca que nada añade a la belleza del poema. Pero éste quiere conservar, una vez más, su obediencia a los cánones del género que requerían estas fáciles enumeraciones, un tanto arbitrarias, y permitían partir de unas figuras arquetípicas para destacar los valores del héroe actual. Curtius [63] ha señalado

---

[62] *Op. cit.*
[63] E. R. Curtius, *Literatura europea y Edad Media latina*, México-Buenos Aires, 1955.

como uno más entre los tópicos medievales el del panegírico de héroes y soberanos, y él mismo ha estudiado también en una monografía independiente [64] la función de estas estrofas en el poema manriqueño y la idea imperial del poeta castellano.

Notemos que en estas ocho coplas de *laudatio*, el poeta no se permite apenas un lujo expresivo, una figura ilustre, como ha hecho en las anteriores. Adopta, eso sí, un tono de exaltación heroica y una forma tendente a lo narrativo muy en línea con sus fines primordiales. El resumen que en las cuatro últimas hace de la vida de don Rodrigo, actividad y servicio en la próspera y en la adversa fortuna, tiene un carácter de relación épica en la que de nuevo don Jorge se insinúa a favor de la causa de su partido

En la segunda mitad, y para remate de este clímax ininterrumpido, aparece la Muerte, que dialoga con su víctima. El hecho va a ocurrir del modo más natural y exento de toda espectacularidad. Aquí va a mostrar el poeta su sentido cristiano de la muerte inesquivable, y con la sencillez de esta escena impresionante obtendrá un resultado poético mucho más vivo y veraz que las melodramáticas gesticulaciones que venían usándose. La Muerte llamará a la puerta y va a hablar, pero casi como una voz en *off*. No se la describe para nada, y de este modo se evita la caída en el mal gusto del aparato teatral y de la pintura acostumbrada del personaje esquelético con su crujir de huesos, su gesto macabro y su guadaña amenazante. Su voz, casi podría decirse su media voz, adecuada a un instante que no debe ser falseado por ningún elemento perturbador, se desliza suave y persuasivamente y parece como una reflexión del propio agonizante que ve ahora lo

---

[64] *Id.*, «Jorge Manrique und der Kaisergedanke, en *Z. R. PH.*, 1932, LII, págs. 129-152.

que es el momento supremo. Ante él aparecen entonces las tres dimensiones de la vida: la de los «estados mundanales», que se quedan aquí; la de «la fama gloriosa», que permanece en el recuerdo de los que nos sobreviven, y «el vivir perdurable» ganado «con trabajos e aflicciones contra moros» [65].

Y con el consuelo y hasta la satisfacción de haber conseguido una vida perfecta, casi una obra de arte, viene la aceptación «plazentera, clara e pura», la oración final y el paso definitivo.

La forma de las «Coplas»

Una de las cosas que más contribuyen al resultado artístico de las *Coplas* es la perfecta adecuación entre su contenido y su forma. Sin esta armónica conjunción entre lo que podríamos llamar el qué y el cómo del poema se nos perdería uno de sus más destacados valores y, por descontado, quedaría oculta la verdadera intención de su autor.

El poeta tenía dos caminos a elegir: el del énfasis grandilocuente, apoyado en un alarde de recursos retóricos, o el de la expresión sencilla y desnuda que busca su fuerza en el empleo de un tono confidencial. Lo ordinario en el siglo xv es el uso del primero para las obras que llamaríamos *mayores*, calificadas así tanto por su dimensión como por su tema y por su intención trascendentes. El ejemplo de Juan de Mena, poeta por antonomasia hasta Jorge Manrique, y el complicado andamiaje del alegorismo italianizante, tan de moda en aquella época, acuñan definitivamente un estilo solemne y de empaque para los decires de gran vuelo. Los poemas menos ambiciosos, de

---

[65] Vid. Gilman Stephen, «Tres retratos de la muerte en las Coplas de Jorge Manrique», en *N. R. F. H*, 1959, páginas 305-324.

temas ligeros o de volumen más reducido, adoptaban, por lo general, un aire más ágil, que traía cierto regusto popular. Por un lado andaban el verso dodecasílabo y la copla de arte mayor, ritmos concertados con la tiesura grave y con la indigesta erudición. Por otro, el octosílabo y las estrofas menores.

Manrique prefiere dar una sensación de intimidad y, prescindiendo del engolamiento al uso para tal clase de poemas, dignificará las formas menores acordándolas con la raíz entrañable de las *Coplas*. (Por otra parte, nunca escribió don Jorge versos ni estrofas de arte mayor.) Cierto que nuestro poeta no fue en esto enteramente original, pues tiene precedentes, y a la mano tenía el de su propio tío don Gómez que usaba los versos cortos mucho más que el dodecasílabo, y que en la tercera de las *Coplas para el señor Diego Arias de Ávila* [66], de clarísima influencia sobre las de su sobrino, dice:

> Porque fable la verdad
> con este que fablar quiero
> en estilo no grosero,
> non agro nin lisongero,
> nin de gran prolixidad;
> e no sea mi fablar
> desonesto,
> enojoso, nin molestò
> de escuchar

Cierto que existe toda una vena poética que muestra estas mismas preferencias, en la que figuran grandes poetas como Guevara, Sánchez de Badajoz o el marqués de Astorga. Pero sólo Jorge Manrique va a conseguir ese acoplamiento entre la trascendencia del tema y la levedad de la forma, impidiendo así que el brillo falso de la retórica pudiese taponar la hondura de la intención, y acen-

---

[66] *Cancionero castellano del siglo XV, op. cit.*, t. II, páginas 85-91.

tuando su actitud de melancólica serenidad no estorbada con el lastre de la afectación.

La métrica de las *Coplas* ha sido estudiada por Navarro Tomás [67]. Están escritas en sextillas dobles en las que se suceden dos octosílabos, con predominio del ritmo trocaico, y un tretrasílabo, o pie quebrado, que a veces es un pentasílabo. La abundante reiteración de esta forma métrica a través de toda la obra manriqueña muestra una evidente predilección del poeta. De ello se ha derivado que esta unidad estrófica reciba desde entonces el nombre del autor de las *Coplas*.

En otras seis ocasiones, además de ésta y de la que ofrecen las dos coplas del poema inacabado, usa Manrique de esta estrofa:

> Fortuna no m'a amenaces.
> Hanme tan bien defendido.
> En una llaga mortal.
> Acordaos, por Dios, señora.
> Ved qué congoxa la mía.
> Vé, discreto mensajero.

Alguna vez tiene variantes en su combinación métrica, como *En una llaga mortal*. Su tío don Gómez practicó también abundantemente la alternancia de octosílabos y pies quebrados, en combinaciones variadas como en las *Coplas para el señor Diego Arias de Ávila*, antecedente claro de las de don Jorge, pero nunca empleó la forma regular de las manriqueñas.

Los doce versos de las dos sextillas constituyen una unidad indisoluble que coincide, salvo muy pocos casos, con una unidad sintáctica completa. Los versos tienen también, por lo general, una perfecta adecuación entre la unidad rítmica y la unidad sintáctica; apenas si hay encabalgamien-

---

[67] T. Navarro Tomás, «Métrica de las Coplas de Jorge Manrique», en *N. R. F. H.*, 1961, págs. 169-179.

to, pero sin que eso dañe para nada a la fluida continuidad de la frase. La quejumbrosa cadencia del verso de pie quebrado, siguiendo a dos octosílabos, cumple una función primordial en consonancia con el sentido general del poema.

Con frecuencia, dentro de un mismo verso, la palabra más cargada de significado está colocada en el lugar crítico donde el ritmo exige la fuerza del acento intensivo.

Los materiales lingüísticos y retóricos usados en las *Coplas* son elementales y conservan en todo momento el tono de digna sobriedad antes citado. A lo largo de los cuatrocientos ochenta versos las estructuras sintácticas permanecen dentro del más genuino sistema del idioma, las figuras poéticas vienen de modo natural a la mano, y el caudal léxico, que mantiene el decoro propio del tema, se alimenta siempre de las reservas más netamente castellanas. María Rosa Lida [68] anota una larga serie de cultismos usados en las *Coplas*, pero señala inmediatamente que todos ellos han sido incorporados luego a la lengua común. En todo caso, como puntualiza la gran hispanista, no presentan «la concentración de cultismo propia de Mena, y su adopción por el español común contribuye a dar la sensación de juventud y actualidad que caracteriza su lengua». Es este un momento especialmente importante de oscilación entre formas viejas y nuevas, y Manrique usa unas y otras: *f* inicial o *h* aspirada, *non-no, nin-ni, vos-os, e-y*, etc.

Jorge Manrique y su estimación literaria

La época de Juan II (1406-1454) había sido en Castilla pródiga para la poesía, que llega a su culminación con las figuras de Santillana y Mena.

---

[68] M.ª Rosa Lida, *Juan de Mena, poeta del prerrenacimiento español*, México, 1950, pág. 251, n.

Hacia 1445, Juan Alfonso de Baena presentó al rey el cancionero que lleva su nombre, primero de una larga serie y verdadero *status* de la poesía castellana de los últimos sesenta o setenta años, lapso de tiempo en que hace quiebra el lirismo en lengua gallega. De ésta se transmite a su hermana de Castilla, entre otras cosas, la tradición trovadoresca en la que van a incidir docenas de poetas actualizadores del género entre los cuales, algo más tarde, vemos inserto a nuestro don Jorge. Él y su tío don Gómez acaudillan la larga e interesante nómina de rimadores de la segunda mitad de tan prolífico siglo.

Asiste esta generación al gran hecho cultural producido en España en los años setenta y tantos: el establecimiento y rápida difusión de la imprenta. No deja de ser interesante señalar que los primeros libros impresos conocidos en nuestro país son obras poéticas. Jorge Manrique pudo sentir el gozo de tener en las manos una de aquellas novedades, pero su temprana muerte impidió que viera impresos versos suyos. Sin embargo, las *Coplas a la muerte de su padre* circularon muy pronto en letras de molde. Si es acertada la nota de Salvá puesta en el *Cancionero* gótico de fray Íñigo de Mendoza, en el que se incluyen, ésta sería la primera y temprana edición de las *Coplas*. Allí se dice: «No me cabe duda estar hecha en Zamora por Antón Centenera, hacia 1480.»

Alrededor de 1490 un impresor zaragozano, Juan Hurus, sacó a la luz el llamado *Cancionero de Ramón de Llavia* [69], en el que, junto con otro poema del mismo Manrique «diciendo qué cosa es amor», se inserta la famosa composición que, con seguridad, corría ya durante sus no cumplidos tres lustros en copias manuscritas sacadas por los aficionados.

---

[69] Hay edición moderna publicada por la Sociedad de Bibliófilos Españoles, Madrid, 1945, a cargo de Rafael Benítez Claros.

En 1492, y también en Zaragoza, volvieron a imprimirse a cargo de Pablo Hurus, junto con la *Vita Christi* del mismo fray Íñigo de Mendoza.

Ya en vida, Jorge Manrique había merecido el respeto y la admiración de sus contemporáneos, como puede verse en unos versos de Álvarez Gato:

> Noble varón escogido,
> a quien sirve mi deseo
> dad a mi tiempo perdido
> favor así favorido
> que ponga afeite a lo feo.
> Y doliendos de mi daño,
> muy notable caballero,
> engañad con tal engaño
> que dores sobrell estaño
> lo que no haría el platero [70].

y pronto conquistaría la fama y alcanzaría un primer lugar en la estimación literaria. Algunos de sus versos servirían muy pronto de tema para glosas de otros poetas.

El diligente y benemérito Hernando del Castillo, colector de ese gran monumento conocido con el nombre de *Cancionero General* [71], recoge ya en su primera edición (Valencia, 1511) la mayor parte de la producción manriqueña: treinta y nueve poemas y uno más que puede atribuírsele sin temor

> Con tantos males guerreo.

Pocos poetas de los incluidos en aquel *corpus* compiten con él o le superan en número de poemas: Cartagena, Quirós o Tapia. En la edición siguiente (Valencia, 1514) se añaden tres poemas más:

---

[70] *Obras completas de Juan Álvarez Gato*, Madrid, ed. Jenaro Artiles, *Los Clásicos olvidados*, 1928, pág. 110.

[71] *Cancionero general de muchos y diversos autores*. Edición facsímil de la de 1511, por Antonio Rodríguez-Moñino, Madrid, 1958.

> Cada vez que mi memoria.
>
> No tardes, muerte, que muero.

y

> Por vuestro gran merescer.

Y ya sin cambios se repitió esta imponente *Summa* poética en tres reimpresiones toledanas (1517, 1520, 1527).

Pero hasta ahora, Castillo y sus continuadores habían dejado de lado el poema cumbre de Manrique. ¿Querían dar solamente versos no impresos hasta entonces? ¿No habría lugar adecuado para la gran elegía entre los poemas amorosos o burlescos que priman en el *Cancionero*? Hay que esperar a la edición sevillana que en 1535 [72] imprime Juan Cronberger para encontrarnos entre las novedades la inclusión de las famosas *Coplas* manriqueñas, así como del poema inconcluso

> Oh mundo, pues que nos matas.

que, al parecer, tenía en hechura el poeta cuando le advino la muerte, y que, según parece, fue completado muy dignamente por Rodrigo Osorio, aunque no se descarte la posibilidad de que todo el poema sea obra del mismo Manrique. En esta edición se recogen esas dos problemáticas coplas iniciales y la no menos problemática continuación.

El severo Juan de Valdés, que se complacía con las composiciones de ese corpus, proclama que «son mejores [que las de otros poetas] las de don Jorge Manrique, que comiençan *Recuerde el alma dormida*, las cuales o mi juicio son muy dinas de ser leídas y estimadas, assí por la sentencia como por el estilo» [73]. Luis Venegas de He-

---

[72] Hay edición moderna: *Suplemento al Cancionero General de Hernando del Castillo*, conteniendo las adiciones posteriores a la edición de 1511 hasta la de 1557. A cargo de Antonio Rodríguez-Moñino, Castalia, 1959.
[73] Juan de Valdés, *Diálogo de la lengua*, Madrid, ed. Montesinos, *Clásicos castellanos*, 1928, pág. 159.

nestrosa puso música a las *Coplas* en su *Libro de cifra nueva para tecla, harpa y vihuela* (Alcalá, Juan de Brócar, 1557). Lope de Vega quería escribirlas en letras de oro, y en el acto II de su atribuida comedia *El casamiento por Cristo* se cantan los siete versos iniciales de la primera estrofa [74].

Interés especial ofrecen las numerosas glosas que a través del siglo XVI se hicieron ampliando y siguiendo la huella de las *Coplas* con mejor o peor fortuna. Durante mucho tiempo las ediciones del poema fueron acompañadas con alguno de estos oficiosos comentarios. Aparte de alguna otra anónima pueden señalarse las glosas de Alonso de Cervantes, ya de 1501 (Lisboa), cuyos versos, poco afortunados, se conocen con el nombre de *Glosa famosísima*; la de Luis de Aranda, indigesto escoliasta en prosa; la de Diego de Barahona; la del capitán moralista Francisco de Guzmán; la repetidísima del cartujano del Paular, Rodrigo de Valdepeñas; la del pedantesco protonotario Luis Pérez; la del carmelita fray Pedro de Padilla y, sobre todo, las de Jorge de Montemayor y Gregorio Silvestre, respectivamente [75].

Antologías que intentan recoger lo mejor de nuestra poesía, como las de Sedano, Quintana o Menéndez Pelayo, y crestomatías dedicadas a la enseñanza en todos sus grados, colocan al poema manriqueño en primera fila.

Traducciones antiguas y modernas, entre las que destacan la anónima latina del siglo XVI, la inglesa de Longfellow [76], que pasa por ser un mo-

[74] *Obras de Lope de Vega*, publicadas por la Real Academia Española, t. II, Madrid, 1916.

[75] Vid. *Glosas a las Coplas de Jorge Manrique*, edición de A. Pérez Gómez, Cieza, *La fonte que mana y corre*, 6 vol., 1961-1963.

[76] Vid. Francisco Caravaca, «Estudio de ocho coplas de Jorge Manrique en relación con la traducción inglesa de Longfellow», *Bol. de la Bibl. de M. P.*, 1975, págs. 3-90.

delo, o la italiana de Giacomo Zanella [77], así como numerosos estudios nacionales y extranjeros sobre Jorge Manrique y su obra, total o parcial, han consolidado la universalidad y la excepcional categoría del autor de las *Coplas*, de quien Antonio Machado decía:

> Entre los poetas míos
> tiene Manrique un altar.

El caudal de la historia literaria se enriquece con dos tipos de aportaciones: el conjunto de obras que, cada una en su momento, representaron algo considerado como destacable y significativo de su tiempo, pero que el paso de éste ha ido fosilizando; y aquellas otras que conservan su vida, artísticamente hablando, y continúan transmitiendo su mensaje poético al hombre de hoy no especializado. Las primeras constituyen la gran masa de la historia que se va sedimentando y queda atrás como algo que fue, y, a veces, como hecho meramente sintomático; las otras, pocas en comparación con las primeras, flotan por encima del tiempo y permanecen vivas a través de los siglos. Es el privilegio de los clásicos. Las *Coplas* de Jorge Manrique figuran por derecho propio entre las obras eternas.

Nuestra edición

Para el texto y la ordenación de los poemas se ha seguido en líneas generales la edición de Cortina en *Clásicos Castellanos*, número 94, cuarta edición, Madrid 1960. En algún caso han sido enmendadas erratas evidentes. Para las *Coplas* se ha tenido también en cuenta la edición de Foulché-Delbosc, Barcelona, 1912, y en nota se señalan al-

---

[77] La trae como apéndice, C. L. Sorrento, *op. cit.*

gunas variantes. En éstas, se ha prescindido de las variaciones *e-y, non-no*. Una nueva puntuación ofrece a veces importantes diferencias. Es preciso reconocer que el texto que nos han transmitido las sucesivas ediciones a través de casi cinco siglos, está muy estragado y necesita una crítica textual muy cuidada. La presente edición, una más, no pretende, ni mucho menos, cubrir esa necesidad ni alcanzar esa meta.

La ortografía ha sido modernizada en todo lo posible, pero se han conservado las grafías que tenían valor fonético propio en la lengua de la época.

Bibliografía *

A

Una bibliografía completa hasta 1979 se contiene en CARRIÓN, M., *Bibliografía de Jorge Manrique (1479-1979)*, Palencia, Diputación Provincial, 1979.

B

Dada su importancia, Jorge Manrique figura como pieza capital en todos los tratados y compendios de literatura española. Pueden consultarse con fruto desde el siglo XIX hasta hoy los de Amador de los Ríos, Ticknor, Fitzmaurice Kelly, Cejador y Franca, Valbuena Prat, Díaz-Plaja, Alborg, Angel del Río, Deyermond, Francisco Rico, etc.

C. ASPECTOS BIOGRÁFICOS

DEL PULGAR, F., *Crónica de los Reyes Católicos*, ed. de Juan Mata Carriazo, vol. I, Madrid, Espasa-Calpe, 1943, págs. 352 y 358.

---

* A lo largo de la Introducción se han ido apuntando oportunamente las notas bibliográficas correspondientes a cada lugar. En este apartado se ordena una lista cronológica y coherente que recoge de modo no exhaustivo, pero sí en lo fundamental, un amplio repertorio de la muy abundante bibliografía sobre Manrique.

Salazar y Castro, L., *Historia genealógica de la casa de Lara*, 3 vols. en folio, Madrid, 1696-1697.

Nieto, J., *Estudio biográfico de Jorge Manrique*, Madrid, 1902.

Serrano de Haro, A., *Personalidad y destino de Jorge Manrique*, Madrid, Gredos, 1966.

Kinkade, R. P., «The historical Date of the Coplas and the Death of Jorge Manrique», en *Speculum*, A Journal of Mediaeval Studies, Published Quarterly by the Mediaeval Academy of America, Massachusetts, 1970, págs. 216-224.

Lomax Derek, W., «¿Cuándo murió Jorge Manrique?», *RFE*, 1972, págs. 61-62.

D. Ediciones

Desde el *Cancionero de Ramón de Llabia* (Zaragoza, 1490?), que imprime las *Coplas* por primera vez, hasta hoy, Manrique ha sido impreso total o parcialmente múltiples veces. Hay edición moderna de este *Cancionero* publicada por la Sociedad de Bibliófilos Españoles, Madrid, 1945, a cargo de Rafael Benítez Claros.

El *Cancionero General de muchos y diversos autores*, recogido por Hernando del Castillo en Valencia (1511), y sus continuadores incluyen varias composiciones. En la edición de Cromberger (Sevilla, 1535) se insertan también las *Coplas*. De la primera y de las sucesivas ediciones de este *Cancionero* hay ediciones facsímil por Antonio Rodríguez Moñino, Madrid, 1958 y 1959.

En el siglo xvi, las *Coplas*, como los grandes poetas, Mena o Garcilaso, merecen el honor de la edición glosada que se reitera numerosas veces con todo aparato a cargo de diversos glosadores. Modernamente, Antonio Pérez Gómez ha recogido en 6 volúmenes las *Glosas a las Coplas de Jorge Manrique*, en *La fuente que mana y corre*, Cieza (Murcia), 1961-1963.

Foulché-Delbosc, R., *Cancionero castellano del siglo XV*, t. 22, Madrid, NBAE, 1915, recoge cuarenta y tres poemas ordenando unitariamente las ediciones dispersas.

Cortina, A., recoge en edición moderna y asequible la obra completa en *Jorge Manrique. Cancionero*, 4.ª ed., Madrid, Espasa-Calpe, 1960.

Todos los florilegios, crestomatías y libros de uso escolar incluyen las *Coplas* como una de las piezas maestras de la poesía española.

E. Estudios

Foulché-Delbosc, R., «La traduction latine des Coplas de Jorge Manrique», en *Rev. Hisp.*, XIV, 1906, páginas 9-21.

Tomé, E., *Jorge Manrique. Con el texto íntegro de las Coplas*, Montevideo, 1930.

Burkart, R., «Leben, Tod und Jenseits bei Jorge Manrique und Françoi Villon», en *Kölner Romanischen Arbeiten*, Marburgo, 1931.

Curtius, E. R., «Jorge Manrique und der Kaisergedanke», en *Zeitschrift für Romanische Philologie*, Halle, 1932.

Krause, A., *Jorge Manrique and the Cult of Death in the Cuatrocientos*, Berkeley, Los Angeles, Publ. Univ. California, 1937, págs. 39-176.

Cossío, J. M. de, «Mensaje de Jorge Manrique», en *Escorial*, II, 1940, págs. 337, 340.

Sorrento, L., *La poesia e i problemi della poesia di Jorge Manrique*, Palermo, 1941.

Lida de Malkiel, M. R., «Una copla de Jorge Manrique y la tradición de Filón en la literatura española», en *RFH*, 1942, págs. 152-171.

Sorrento, L., *Jorge Manrique*, Palermo, 1946.

Salinas, P., *Jorge Manrique o tradición y originalidad*, Buenos Aires, 1947.

Spitzer, L., «Dos observaciones sintáctico-estilísticas a las Coplas de Manrique», en *NRFH*, t. IV, 1950, páginas 1-24.

Lida de Malkiel, M. R., *La idea de la fama en la Edad Media castellana*, México-Buenos Aires, Fondo de Cultura Económica, 1952.

Castro, A., «Muerte y belleza. Un recuerdo a Jorge Manrique», en *Hacia Cervantes*, Madrid, Taurus, 1957, págs. 51-57.

—— «Cristianismo e Islam. Poesía en Jorge Manrique», en *Papeles de Son Armadans,* mayo, 1958.

GILMAN, S., «Tres retratos de la muerte en las *Coplas* de Jorge Manrique», en *NRFH,* t. XIII, 1959, páginas 305-324.

NAVARRO TOMÁS, T., «Métrica de las *Coplas* de Jorge Manrique», en *NRFH,* t. XV, 1961, págs. 169-179.

LIDA DE MALKIEL, M. R., «Para la primera de las *Coplas* de Jorge Manrique por la muerte de su padre», en *Romance Philology,* XVI, 1962-1963, páginas 314-328.

DUNN, P., «Themes and Images of the *Coplas por la muerte de su padre* of Jorge Manrique», en *Medium Aevum,* XXXIII, 1964, págs. 169-183.

CONGIETTI, G., *Le Coplas di Manrique tra medievo e umanesimo,* Bolonia, 1964.

RICO, F., «Unas coplas de Jorge Manrique y las fiestas de Valladolid en 1428», en *Anuario de Estudios Medievales,* Barcelona, 1965, págs. 515-524, nota 21.

MONTE DEL, A., «Chiosa alle *Coplas* di Jorge Manrique», en *Studi di Lingua e Letteratura spagnuola,* Turín, 1965, págs. 61-79.

BORELLO, R., «Las *Coplas* de Manrique: estructura y fuentes», en *Cuadernos de Filología,* Mendoza, 1967, páginas 49-72.

ORDUNA, G., «Las *Coplas* de Jorge Manrique y el triunfo sobre la muerte: estructura e intencionalidad», en *Romanische Forschungen,* LXXIX, 1967, páginas 139-151.

VINCI, J., «The Petrarchan Source of Jorge Manrique, *Las Coplas*», en *It.,* XLV, 1968, págs. 314-328.

MORREALE, M., «Apuntes para el estudio de la trayectoria que desde el *ubi sunt?* conduce hasta el *qué fueron sino...* de Jorge Manrique», en *Thesaurus,* XXX, 1975.

CARAVACA, F., «Estudio de ocho coplas de Jorge Manrique, en relación con la traducción inglesa de Longfellow», en *Bol. Bibl. M. P.,* 1975, LI, páginas 3-90. En este estudio se relacionan seis más del mismo autor que forman parte todos de un amplio estudio.

Cancionero

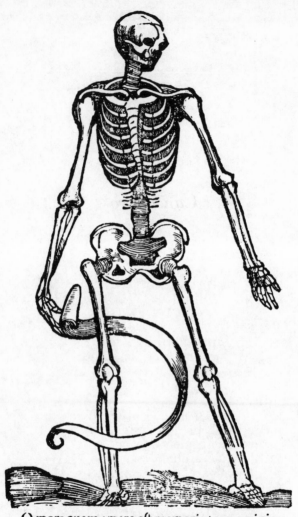

O mors quam amara est memoria tua nomini
pacem habenti in substantijs suis.

G iiij

De la Glosa famosa sobre las Coplas de D. Jorge Manrique,
Valladolid, 1564.

I

1

POESÍA AMOROSA
DE DON JORGE MANRIQUE QUEXÁNDOSE
DEL DIOS DE AMOR, Y CÓMO RAZONA
EL UNO CON EL OTRO [1]

¡Oh muy alto dios de amor,
por quien mi vida se guía!,
¿cómo sufres tú, señor,
siendo justo juzgador
en tu ley tal herejía?   5
    ¿Que se pierda el que servió,
que s'olvide lo servido,
que viva quien engañó,
que muera quien bien amó,
que valga el amor fengido?   10

Pues que tales sinrazones
consientes pasar así,
suplícote que perdones

———————

[1] Lo publicó por primera vez Cortina en 1929, tomán-
dolo del ms. 4114, fs. 399-404 de la Biblioteca Nacional de
Madrid.

mi lengua, sí, con pasiones,
dijere males de ti.   15
   Que no so yo el que lo digo,
sino tú, que me heciste
las obras como enemigo:
teniéndome por amigo
me trocaste y me vendiste.   20

   Si eres dios de verdad,
¿por qué consientes mentiras?
Si tienes en ti bondad,
¿por qué sufres tal maldad?
O ¿qué aprovechan tus iras,   25
tus sañas tan espantosas
con que castigas y fieres?
Tus fuerzas tan poderosas
—pues comportas tales cosas—
dí, ¿para cuándo las quieres?   30

RESPONDE EL DIOS D'AMOR

   Amador: sabe que Absencia
te acusó y te condenó,
que si fuera en tu presencia,
no se diera la sentencia
injusta, como se dio.   35
   Ni pienses que m'ha placido
por haberte condenado,
porque bien he conoscido
que perdí en lo perdido,
y pierdo en lo que he ganado.   40

REPLICA EL AQUEJADO

   ¡Qué inicio tan bien dado,
qué justicia y qué dolor,
condenar all apartado,

nunca oído ni llamado
él ni su procurador!   45
    Así que, por desculparte,
lo que pones por escusa,
lo que dices por salvarte,
es para más condenarte
porqu'ello mesmo te acusa.   50

    Amansa tu turbación,
recoge tu seso un poco,
no quieras dar ocasión
a tu gran alteración
que te pueda tornar loco;   55
    que bien puedes apelar,
que otro Dios hay sobre mí
que te pueda remediar,
y a mí también castigar
si mala sentencia di.   60

    Ese Dios alto sin cuento
bien sé yo qu'es el mayor;
mas, con mi gran desatiento [2],
le tengo muy descontento
por servir a ti, traidor,   65
    que con tu ley halaguera [3]
m'engañaste, y has traído [4]
a dexar la verdadera,

---

    [2] *desatiento*, 'desatentado'. Corominas (*Diccionario eti-
mológico*) fecha 'desatentar' hacia 1400 y 'desatentado'
hacia 1625.
    [3] *halaguera*, 'halagadora'. (Vid. estrofa XVIII, *Coplas*).
En tiempos de Jorge Manrique se da un gran paso en
Castilla en la sustitución de la *f* inicial latina por la *h*
aspirada, aunque sigue usándose la *f*.
    [4] Debe entenderse 'me has traído'.

y seguirte en la manera
que sabes que t'he seguido.   70

    En ti sólo tuve fe
después que te conoscí;
pues, ¿cómo paresceré
ante'l Dios a quien erré
quexando del que serví?   75
    Que me dirá, con razón,
que me valga cuyo so[5]
y que pida'l galardón
a quien tuve ell afición[6],
qu'El nunca me conoció.   80

    Mas, pues no fue justamente
esa tu sentencia dada
contra mí, por ser absente,
agora, qu'estó presente,
revócala, pues fue errada;   85
    y dame plazo y traslado
que diga de mi derecho;
y si no fuese culpado,
tú serás el condenado,
yo quedaré satisfecho.   90

RESPONDE EL DIOS D'AMOR

    Aunque mucho t'agraviase,
no sería dios constante
si mi sentencia mudase,
por eso cumple que pase
como va, y vaya delante.   95

---

[5] *cuyo so*, 'aquel de quien soy'. La forma *so*, anterior
a la moderna *soy*, se conservó hasta la primera mitad
del siglo XVI. (Vid. Hanssen, *Gramática histórica de la
lengua castellana*, § 230.)
[6] *ell afición*. El artículo femenino *illa* dio *ella, ela* y *la*.
Los dos primeros se apocoparon ante sustantivo comen-
zado por vocal. *Ell* se conservó hasta comienzos del
siglo XVI.

Y pues más no puede ser,
mira qué quieres en pago,
que cuanto pueda hacer [7]
haré por satisfacer
ell agravio que te fago.   100

REPLICA EL AQUEJADO

Ni por tu grand señorío
nunca tal conseguiré,
ni tienes tal poderío
para quitarme lo mío
sin razón y sin porqué.   105
Porque si bienes me diste,
sabes que los merecía;
mas el mal que me hiciste
sólo fue porque quesiste,
pero no por culpa mía.   110

Que aunque seas poderoso,
has lo [8] de ser en lo justo;
pero no voluntarioso,
criminoso y achacoso,
haciendo lo qu'es injusto.   115
Si guardares igualdad,
todos te obedesceremos;
si usares voluntad [9],
no nos pidas lealtad
porque no te la daremos.   120

RESPONDE EL DIOS D'AMOR

No te puedo ya sofrir
porque mucho te m'atreves;

---

[7] Téngase en cuenta, aquí y en adelante, la *h* inicial
aspirada; por ejemplo, v. 124.
[8] El pronombre átono se anteponía o se posponía in-
distintamente a la forma verbal.
[9] *si usares voluntad*, 'si obras arbitrariamente'.

sabes que habré de reñir
y aun podrá ser que herir,
pues no guardas lo que debes.   125
    Y pues eres mi vasallo,
no te hagas mi señor,
que no puedo comportallo[10];
ni presumas porque callo,
que lo hago por temor.   130

REPLICA EL AQUEJADO

    No cures[11] d'amenazarme
ni estar mucho bravacando[12],
que tú no puedes dañarme
en nada más qu'en matarme,
pues esto yo lo demando;   135
    ni pienses q'he de callar
por esto que babeaste,
ni me puedes amansar
si no me tornas a dar
lo mesmo que me quitaste.   140

RESPONDE EL DIOS D'AMOR

    Pues sabes que no lo habrás[13]
de mí jamás en tu vida,
veamos qué me darás,
o qué cobro te harás
sin mí para tu herida;   145

---

[10] *comportallo*, 'soportarlo'. El infinitivo más el pronombre inacentuado enclítico dio durante mucho tiempo
este tipo de aglutinación. (Vid. Lapesa, *Historia de la
lengua española*, 3.ª ed., pág. 244.)

[11] *no cures*, 'curar' por 'cuidar', preocuparse, esforzarse
o procurar.

[12] *bravacando*, los lexicógrafos no recogen esta palabra. Probablemente relacionada con *bravo*, que aplicado
a personas significó 'violento de carácter, cruel'.

[13] *haber* por 'tener'.

y bien sé que has de venir,
las rodillas por el suelo,
a suplicarme y pedir
que te quiera recebir
y poner algún consuelo.   150

RÉPLICA EL AQUEJADO

Quiero moverte un partido,
escúchame sin enojos:
si me das lo que te pido,
de rodillas, y aun rendido,
te serviré, y aun de ojos [14];   155
pero sin esto no'ntiendas
que yo me contentaré,
ni quiero sino contiendas;
porque todo'l mundo en prendas
que me des, no tomaré.   160

RESPONDE EL DIOS D'AMOR, Y ACABA

Por tu buen conoscimiento
en te dar [15] a quien te diste,
por tu firme pensamiento,
por las penas y tormento
que por amores sofriste,   165
te torno y te restituyo
en lo que tanto deseas,
y te do [16] todo lo tuyo,
y por bendición concluyo
que jamás en tal te veas.   170

---

[14] El Aquejado se presta a guiar o servir de ojos al
Amor, que, como es sabido, es ciego. ¿Querrá decir 'de
hinojos'? Me remito a la aclaración excusatoria del final
de la Introducción.
[15] Vid. n. 8.
[16] Vid. n. 5.

2

A LA FORTUNA

Fortuna, no m'amenazes,
ni menos me muestres gesto
    mucho duro,
que tus guerras y tus pazes
conosco bien, y por esto   5
    no me curo[1];
antes tomo más denuedo,
pues tanto almazén de males
    has gastado;
aunque tú me pones miedo,   10
diziendo que los mortales[2]
    has guardado.

Y ¿qué más puede passar,
dolor mortal ni passión
    de ningún arte,   15
que ferir y atravessar
por medio mi corazón
    de cada parte?
Pues una cosa diría,
y entiendo que la jurasse   20
    sin mentir:
que ningún golpe vernía[3]
que por otro no acertasse
    a me herir.

¿Piensas tú que no soy muerto   25
por no ser todas de muerte
    mis heridas?

---

[1] Vid. n. 11, poema anterior.
[2] *mortales*, se refiere a *males*. 'Has gastado muchos males; pero los mortales los guardas aún.'
[3] *vernía*, 'vendría'. Metátesis muy frecuente. Vid. página 88, nota 5.

84

Pues sabe que puede, cierto,
acabar lo [4] menos fuerte
　　　muchas vidas.　　　　　　　　　　30
　Mas está en mi fe mi vida,
y mi fe está en el vevir
　　　de quien me pena [5];
assí que, de mi herida,
yo nunca puedo morir,　　　　　　　　35
　　　sino de ajena.

　Y pues esto visto tienes,
que jamás podrás comigo [6]
　　　por herirme,
torna agora a darme bienes,　　　　　40
porque tengas por amigo
　　　hombre tan firme.
　Mas no es tal tu calidad
para que hagas mi ruego,
　　　ni podrás,　　　　　　　　　　　45
c'hay muy gran contrariedad
porque tú te mudas luego [7];
　　　yo, jamás.

　Y pues ser buenos amigos
por tu mala condición　　　　　　　　50
　　　no podemos,
tornemos como enemigos
a esta nuestra quistión,
　　　y porfiemos.
　En la qual, si no me vences,　　　　55
yo quedo por vencedor
　　　conoscido.
Pues dígote que comiences,

---

[4] Quizá debiera decir *la,* concertando con *herida*; pero
tampoco es absurdo *lo,* usando de una generalización.
[5] *de quien me pena,* 'de quien me tiene penado o
condenado a las penas de amor'. Nótese la exquisita,
aunque conceptuosa, delicadeza de toda esta estrofa.
[6] *comigo,* 'conmigo'.
[7] El tema de la mudanza de la Fortuna es fundamental,
y tópico en el siglo xv. (Vid. por ejemplo, estrofa X,
Coplas.)

85

y no debo haber temor,
    pues te convido.   60

Que ya las armas probé
para mejor defenderme
    y más guardarme,
y la fe sola hallé
que de ti puede valerme   65
    y defensarme.
Mas ésta sola sabrás
que no sólo m'es defensa,
    mas victoria:
assí que tú llevarás   70
deste debate la ofensa,
    yo, la gloria.

De los daños que m'has hecho,
tanto tiempo guerreado
    contra mí,   75
me queda sólo un provecho,
porque soy más esforçado
    contra ti.
Y conozco bien tus mañas,
y en pensado [8] tú la cosa,   80
    ya la entiendo,
y veo cómo m'engañas;
mas mi fe es tan porfiosa,
    que lo atiendo.

Y entiendo bien tus maneras   85
y tus halagos traidores,
    nunca buenos,
que nunca son verdaderas,
y en este caso d'amores,
    mucho menos.   90
Ni tampoco muy agudas,
ni de gran poder ni fuerça,
    pues sabemos
que te vuelves y te mudas;

---

[8] Debería decir *pensando*.

        mas Amor nos manda y fuerça   95
            qu'esperemos.

        Que tus engaños no engañan
    sino al que amor desigual
            tiene y prende;
    que al mudabe nunca dañan,   100
    porque toma el bien, y el mal
            no lo atiende.
        Estos me vengan de ti;
    pero no es para alegrarme
            tal vengança   105
    que, pues tú heriste a mí,
    yo tenía de vengarme
            por mi lança.

        Mas vengança que no puede
    —sin la firmeza quebrar—   110
            ser tomada,
    más contento soy que quede
    mi herida sin vengar
            que no vengada.
        Mas, con todo, he gran plazer   115
    porque tornan tus bonanças
            y no esperan,
    ni duran en su querer
    a que vuelvan tus mudanças
            y que mueran.   120

                    CABO

        Desd'aqui te desafío
    a huego [9], sangre y a hierro
            en esta guerra;
    pues en tus bienes no fío,
    no quiero esperar más yerro   125
            de quien yerra:

_____
    [9] *huego*, 'fuego'. En una época de duda entre *f* inicial
y *h aspirada* no es raro encontrar *huego*.

que quien tantas vezes miente,
aunque ya diga verdad,
no es de creer;
pues airado ni plaziente,   130
tu gesto mi voluntad
no quiere ver.

3

PORQUE ESTANDO ÉL DURMIENDO LE BESÓ SU AMIGA

Vos cometistes [1] traición,
pues me heristes, durmiendo,
d'una herida qu'entiendo
el deseo d'otra tal
herida como me distes,   5
que no la llaga ni mal
ni daño que me hezistes.
Perdono la muerte mía;
mas con tales condiciones,
que de tales traiciones [2]   10
cometáis mil cada día;
pero todas contra mí,
porque, d'aquesta manera,
no me plaze que otro muera
pues que yo lo merescí.   15

---

[1] *cometistes*, como luego *heristes* y *hezistes*, son formas que se usaban con la segunda persona del plural y que subsistieron en la poesía del siglo XVI. Es frecuente, y debe ser corregido, el mal uso que se hace de esta forma en la lengua vulgar actual como segundas personas de singular.

[2] *traiciones* es tetrasílaba, pues en este caso *ai* no forma diptongo. Recuérdese su origen etimológico *traditiones*.

Más plazer es que pesar
herida c'otro mal sana:
quien durmiendo tanto gana,
nunca debe despertar.

4

DIZIENDO QUÉ COSA ES AMOR

Es amor fuerça tan fuerte,
que fuerça toda razón;
una fuerça de tal suerte,
que todo seso convierte
en su fuerça y afición;   5
    una porfía forçosa
que no se puede vencer,
cuya fuerça porfiosa
hazemos más poderosa
queriéndonos defender.   10

Es plazer en c'ay dolores,
dolor en c'ay alegría,
un pesar en c'ay dulçores,
un esfuerço en c'ay temores,
temor en c'ay osadía;   15
    un plazer en c'ay enojos,
una gloria en c'ay passión,
una fe en c'ay antojos,
fuerça que hazen los ojos
al seso y al coraçón.   20

Es una catividad[1]
sin parescer las prisiones;

---

[1] Es un tópico de la poesía trovadoresca, que pasa a la novela sentimental, el considerar el amor como una

un robo de libertad,
un forzar de voluntad
donde no valen razones;   25
    una sospecha celosa
causada por el querer,
una rabia desseosa
que no sabe qu'es la cosa
que dessea tanto ver.   30

Es un modo de locura
con las mudanças que haze:
una vez pone tristura,
otra vez causa holgura:
como lo quiere y le plaze.   35
    Un deseo que al ausente
trabaja, pena y fatiga;
un recelo que al presente
haze callar lo que siente,
temiendo pena que diga.   40

FIN

Todas estas propiedades
tiene el verdadero amor.
El falso, mil falsedades,
mil mentiras, mil maldades,
como fengido traidor.   45
    El toque para tocar [2]

---

cautividad o servidumbre. En la primera mitad del siglo XV Rodríguez del Padrón intitula su novela *El siervo
libre de amor*. Por los mismos años de Jorge Manrique,
Diego de San Pedro escribe su *Cárcel de Amor*.
    [2] *el toque para tocar*. Se refiere a la prueba de la
autenticidad del amor considerado como un metal forjado. *Tocar* y *toque*, dice Corominas, se relaciona en su
origen con la imitación del «son de las campanas y
demás objetos golpeados y tocados, *toc-toc*». *Tocar* se
documenta en el siglo XIII, y para *toque* da Corominas
el año 1495, fecha probable del *Diccionario español-latino*
de Nebrija. El contexto de Manrique adelanta esta fecha
por lo menos en un cuarto de siglo.

90

cuál amor es· bien forjado,
es sofrir el desamar,
que no puede comportar
el falso sobredorado.   50

5

DE LA PROFESIÓN QUE HIZO
EN LA ORDEN DEL AMOR

Porqu'el tiempo es ya passado
y el año todo complido,
después acá, que hove entrado
en orden d'enamorado
y ell hábito recebido;   5
   porqu'en esta religión
entiendo siempre durar,
quiero hazer professión,
jurando de coraçón
de nunca la quebrantar.   10

Prometo de mantener
continuamente pobreza
d'alegría y de plazer;
pero no de bien querer
ni de males ni tristeza,   15
   que la regla no lo manda
ni la razón no lo quiere,
....¹
que quien en tal Orden anda,
s'alegre mientras viviere.   20

Prometo más: obediencia
que nunca será quebrada
en presencia ni en ausencia,
por la muy gran bienquerencia
que con vos tengo cobrada;   25

---

¹ Falta un verso.

y cualquier ordenamiento
que regla d'amor mandare,
aunque traiga gran tormento,
me plaze, y soy muy contento
de guardar mientra [2] durare.   30

En lugar de castidad,
prometo de ser costante;
prometo de voluntad
de guardar toda verdad
c'a de aguardar ell amante;   35
   prometo de ser subiecto [3]
all amor y a su servicio;
prometo de ser secreto.
Y esto todo que prometo,
guardallo [4] será mi oficio.   40

Fin será de mi vevir
esta regla por mí dicha,
y entiéndola assí sofrir,
qu'espero en ella morir
si no lo estorba Desdicha.   45
   Mas no lo podrá estorbar
porque no terná [5] poder,
porque poder ni mandar
que iguale con mi querer.

Si en esta regla estoviere   50
con justa y buena intención,
y en ella permanesciere,
quiero saber, si muriere,
qué será mi galardón;

   [2] *mientra*, 'mientras'. Derivado del latín *interim* a través de *domientre*, recibió la *s* final por analogía con *jamás*, *después* y otros. En la estrofa anterior, v. 20, dice *mientras*.
   [3] *subiecto*, 'sujeto'.
   [4] Vid. n. 10, poema 1.
   [5] *terná*, 'tendrá'. Metátesis procedente de *tenrá*, forma anterior al desarrollo de la *d* entre el grupo *nr* en los futuros irregulares de esta clase, como *valer*, *salir*, etc.

aunque a vos sola lo dexo,   55
que fustes⁶ causa qu'entrasse
en orden, qu'assí m'alexo
de plazer, y no me quexo
porque dello n'os pesasse.

FIN

Si me servir de sus penas   60
algún galardón espera,
venga agora por estrenas⁷
—pues mis cuitas son ya llenas—
antes que del todo muera;
    y vos recibid por ellas   65
—buena o mala— esta historia,
porque viendo mis querellas,
pues que sois la causa dellas,
me dedes⁸ alguna gloria.

6

CASTILO D'AMOR

Hame tan bien defendido,
señora, vuestra memoria,
    de mudança,
que jamás nunca ha podido
alcançar de mí victoria   5
    olvidança,
porqu'estáis apoderada
vos de toda mi firmeza
    en tal son,

---

⁶ *fustes*, 'fuisteis'.
⁷ *estrenas*, 'regalo hecho con motivo de algún acontecimiento feliz', en este caso haberse colmado ya las cuitas
de amor.
⁸ *dedes*, 'deis'. La desinencia de tercera persona de
plural *tis* dio primero *des* y luego *is*.

que no puede ser tomada   10
a fuerça mi fortaleza,
    ni a traición.

La fortaleza nombrada
está'n los altos alcores
    d'una cuesta   15
sobre una peña tajada,
maçiça toda d'amores,
    muy bien puesta;
y tiene dos baluartes[1]
hazia el cabo c'ha sentido   20
    ell oluidar,
y cerca a las otras partes,
un río mucho crescido,
    qu'es membrar[2].

El muro tiene d'amor,   25
las almenas de lealtad[3],
    la barrera
qual nunca tuvo amador,
ni menos la voluntad
    de tal manera.   30
La puerta d'un tal desseo,
que aunqu'esté del todo entrada
    y encendida,
si presupongo c'os veo
luego la tengo cobrada[4]   35
    y socorrida.

Las cavas[5] están cavadas
en medio d'un coraçón
    muy leal,

---

[1] *baluartes*, funciona en el verso como tetrasílabo.
[2] *membrar*, 'recordar'; de *memorare*. Nótese el paralelismo *olvidar-membrar*.
[3] Téngase en cuenta la sinéresis en *lealtad*.
[4] *cobrada*, 'tomada militarmente'. Nótese el aprovechamiento de términos bélicos en función simbólica.
[5] *cavas*, 'fosos o zanjas para la defensa'. (Vid. *Coplas*, estrofa XXIV.)

y después todas chapadas[6]   40
de servicios y afición
        muy desigual;
d'una fe firme la puente
levadiza, con cadena
        de razón,   45
razón que nunca consiente
passar hermosura ajena
        ni afición.

Las ventanas son muy bellas,
y son de la condición   50
        que dirá aquí:
que no pueda mirar d'ellas
sin ver a vos en visión
        delante mí;
        mas no visión que m'espante,   55
pero póneme tal miedo,
        que no oso
deziros nada delante,
pensando ser tal denuedo
        peligroso.   60

Mi pensamiento —qu'está
en una torre muy alta,
        qu'es verdad—
sed cierta que no hará,
señora, ninguna falta   65
        ni fealdad;
        que ninguna hermosura
no puede tener en nada
        ni buen gesto,
pensando en vuestra figura   70
que siempre tiene pensada
        para esto.

_____

[6] *chapadas*, 'guarnecidas, reforzadas'. Se refiere al re-
cubrimiento con que se robustecían las defensas, generalmente con chapa metálica. Corominas, documenta
chapada en Nebrija, 1495, pero el poema de Manrique
es bastante anterior.

Otra torre, qu'es ventura,
está del todo caída
    a todas partes,   75
porque vuestra hermosura
l'ha muy rezio combatida
    con mil artes:
    con jamás no querer bien,
antes matar y herir   80
    y desamar,
un tal servidor, a quien
siempre deviera guarir
    y defensar.

Tiene muchas provisiones   85
que son cuidados y males
    y dolores,
angustias, fuertes passiones,
y penas muy desiguales
    y temores,   90
    que no pueden fallescer
aunqu'estuviesse cercado
    dos mil años,
ni menos entrar plazer
a do hay tanto cuidado   95
    y tantos daños.

En la torre d'homenaje
está puesto toda hora
    un estandarte
que muestra, por vassallaje,   100
el nombre de su señora
    a cada parte;
    que comiença como más
el nombre, y como valer
    el apellido,   105
a la cual nunca jamás
yo podré desconoscer,
    aunque perdido.

A tal postura vos salgo
con muy firme juramento   110
   y fuerte jura,
como vassallo hidalgo
que por pesar ni tormento
   ni tristura
a otri [7] no lo entregar,   115
aunque la muerte esperasse,
   por vevir;
ni aunque lo venga a cercar
el dios d'amor, y llegasse
   a lo pedir.   120

7

ESCALA D'AMOR [1]

Estando triste, seguro,
mi voluntad reposaba,
cuando escalaron el muro
do mi libertad estaba.
A'scala vista subieron   5
vuestra beldad y mesura,
y tan de rezio hirieron,
que vencieron mi cordura.

Luego, todos mis sentidos
huperon a lo más fuerte,   10
mas iban ya mal heridos
con sendas llagas de muerte;

---

[7] *otri*, 'otro'. Por analogía con *qui* se dijo *otri* y *nadi*.
En Aragón aún se dice *otre* y *otri*.
[1] Todo este poema es una alegoría del enamoramiento
representado en el asalto a una fortaleza.

y mi libertad quedó
en vuestro poder cativa;
mas gran plazer hove yo   15
desque supe qu'era viva.

Mis ojos fueron traidores,
ellos fueron consintientes,
ellos fueron causadores
qu'entrassen aquestas gentes;   20
qu'el atalaya [2] tenían
y nunca dixeron nada
de la batalla que vían,
ni hizieron ahumada [3].

Después que hovieron entrado,   25
aquestos escaladores
abrieron el mi costado
y entraron vuestros amores,
y mi firmeza tomaron,
y mi coraçón prendieron,   30
y mis sentidos robaron,
y a mí sólo no quisieron.

FIN

¡Qué gran aleve [4] hizieron
mis ojos, y qué traición:
por una vista c'os vieron,   35
venderos mi coraçón!
Pues traición tan conoscida
ya les plazía hacer,
vendieron mi triste vida
y hoviera dello plazer;   40
mas al mal que cometieron

_____

[2] *atalaya,* torre de la fortaleza situada en el lugar más
elevado desde donde el vigía observaba los movimientos
del enemigo.
[3] *ahuma*da, 'señal con humo que hacía el vigía desde
la atalaya anunciando peligro'.
[4] *aleve,* 'alevosía, traición'. En la Edad Media, *aleve*
se usó como sustantivo.

no tienen escusación:
¡Por una vista c'os vieron,
venderos mi coraçón!

8

CON EL GRAN MAL QUE ME SOBRA...

Con el gran mal que me sobra
y el gran bien que me fallesce [1],
en començando algún obra
la tristeza que me cobra
todas mis ganas empesce [2];
y en queriendo ya callar,
se levantan mis sospiros
y gemidos a la par,
que no me dexan estar
ni me muestran qué deziros.   10

No que mi dezir s'asconda [3],
mas no hallo que aproveche,
ca [4], puesto que me responda
vuestra vela o vuestra ronda,
responderá que yo peche [5].   15
Dirá luego: —¿Quién te puso
en contienda ni quistión?
Yo, aunque bien no m'escuso
ni rehuso ser confuso,
contaré la ocasión   20

---

[1] *fallesce*, 'falta'. Derivado de *fallo*, 'engañar, ocultar'.
Nótese el paralelismo de los versos 1-2 *gran mal-gran bien*, *sobre-fallesce*.
[2] *empesce*, 'impide, dificulta'. Del latín *impedire*, 'trabar los pies'.
[3] *asconda*, 'esconda, oculte'. Del latín *abscondere*.
[4] *ca*, 'pues'. Forma hoy arcaica, del latín *quia*.
[5] *peche*, 'pague el tributo'. El latín *pactare* dio *pechar*, de donde los 'pecheros' o tributarios.

y diré que me llamaron
por los primeros mensajes,
cien mil que vos alabaron
y alabando no negaron
recebidos mil ultrages;   25
    mas es tal vuestra beldad,
vuestras gracias y valer,
que Razón y Voluntad
os dieron su libertad
sin poderse defender.   30

Emprendí, pues, noramala [6]
ya de veros por mi mal,
y en subiendo por la'scala,
no sé cuál pie me resbala,
no curé de la señal;   35
    y en llegando a la presencia
de bienes tan remontados,
mis desseos y cuidados
todos se vieron lançados
delante vuestra excelencia.   40

Allí fue la gran quistión
entre Querer y Temor,
cada cual con su razón
esforçando la passión
y alterando la color;   45
    y aunqu'estaba apercebido
y artero d'escarmentado,
cuando hovieron concluido,
el temeroso partido
se rindió all esforçado.   50

Y como tardé en me dar
esperando toda afruenta [7],

---

[6] *noramala,* aféresis de 'enhoramala', como también se dijo *norabuena.*
[7] *afruenta,* 'afrontamiento, actitud de colocarse frente a frente en el ataque'. Del latín *frontis,* con diptongación. Véase cómo en este poema se insiste de nuevo en el alegorismo bélico.

después no pude sacar
partido para quedar
con alguna fuerça esenta;   55
    antes me dí tan entero
a vos sola de quien soy,
que merced d'otra no'spero,
sino de vos por quien muero,
y aunque muera, más me doy.   60

Y en hallándome cativo
y alegre de tal prisión,
ni me fue el plazer esquivo
ni'l pesar me dio motivo
de sentir mi perdición;   65
    antes fui acrescentando
las fuerças de mis prisiones
y mis passos acortando,
sintiend'oyendo, mirando
vuestras obras y razones.   70

Y aunque todos mis sentidos
de sus fines no gozaron,
los ojos embebecidos
fueron tan bien acogidos,
que del todo m'alegraron;   75
    mas mi dicha —no fadada[8]
a consentirme tal gozo—
se volvió tan presto irada,
que mi bien fue todo nada
y *mi gozo fue en el pozo*[9].   80

Robóme una niebla escura
esta gloria de mis ojos,
la cual, por mi desventura,
fue ocasión de mi tristura
y aun la fin de mis enojos.   85
    Cuál quedé, pues, yo quedando,
ya no hay mano que lo escriba,

---

[8] *fadada*, 'destinada'. Relacionada con *fatum*.
[9] *mi gozo...*, frase hecha para significar 'decepción'.

ca si yo lo vo pintando,
mis ojos lo van borrando
con gotas de sangre viva.   90

La crueza de mis males
más se calla en la dezir,
pues mis dichos no son tales
que igualen las desiguales
congoxas de mi vevir;   95
   mas después d'atormentado
con cien mil agros [10] martirios,
diré, cual amortajado
queda muerto y no enterrado,
a'scuras, sin luz ni cirios.   100

Cual aquel cuerpo sagrado
de San Vicente bendito,
después de martirizado,
a las fieras fue lançado
por cruel mando maldito;   105
   mas otro mando mayor
de Dios, por quien padesció,
l'embió por defensor
un lobo muy sin temor
y un cuervo que l'ayudó [11].   110

FIN

Assí aguardan mi persona,
por milagro, desqu'he muerto,
un león con su corona
y un cuervo que no abandona
mi ser hasta ser despierto.   115
   Venga, pues, vuestra venida
en fin de toda mi cuenta;

---

[10] *agros*, 'agrios'. Fue la forma normal hasta el siglo XVI. Del latín *acros*.

[11] Así lo dice la *Passio Sancti Vincenti martyris*, himno V del *Peristephanon*, de Prudencio.

venga ya y verá mi vida
que se fue con vuestra ida,
mas debe quedar contenta.   120

9

EN UNA LLAGA MORTAL...

En una llaga mortal,
        desigual,
qu'está en el siniestro lado,
conoscerás luego cuál
        es el leal   5
servidor y enamorado;
    por cuanto vos la hezistes
a mí después de vencido
        en la vencida,
que vos, señora, vencistes   10
quando yo quedé perdido
        y vos querida.

Aquesta triste pelea
        c'os dessea
mi lengua ya declarar,   15
es menester que la vea
        y la crea
vuestra merced sin dubdar[1];
porque mi querer es fe,
y quien algo en él dubdasse,   20
        dubdaría
en dubda que cierto sé
que jamás no se salvasse
        d'herejía[2].

_____

[1] *dubdar*, 'dudar'. Subsiste la *b* de *dubitare*, luego
desaparecida. Nótese cómo en esta estrofa reitera las
palabras relacionadas con *duda*, lo mismo que en la anterior las relativas al vencimiento.

[2] Juega con el doble significado de la duda en amor,
sobre el que reafirma su fe, y la duda religiosa. Todo el
poema girará sobre la fe que su dama debe tener en el
amor de su galán.

Porque gran miedo he tomado   25
    y cuidado
de vuestro poco creer,
por esta causa he tardado
    y he dexado
de os hazer antes saber   30
la causa d'aqueste hecho,
cómo han sido mis passiones
    padescidas.
Para ser, pues, satisfecho,
conviene ser mis razones   35
    bien creidas.

Señora, porque sería
    muy baldía
toda mi dicha razón,
si la Dubda no porfía   40
    con su guía,
que se llama Discreción;
como en ello yo no dubde,
pues es verdad y muy cierto
    lo qu'escribo,   45
antes que tanto m'ayude,
que pues por dubda soy muerto,
    sea vivo.

CABO

Pues es ésta una espirencia [3]
que tiene ya conocida   50
    esta suerte,
por no dar una creencia,
no es razón quitar la vida
    y dar muerte.

---

[3] *espirencia*, 'experiencia'.

10

ACORDAOS, POR DIOS, SEÑORA...

Acordaos [1] por Dios, señora,
cuánto ha que comencé
   vuestro servicio,
cómo un día ni una hora
nunca dexo ni dexé   5
   de tal oficio;
acordaos de mis dolores
acordaos de mis tormentos
   qu'he sentido;
acordaos de los temores   10
y males y pensamientos
   qu'he sufrido.

Acordaos cómo, en presencia,
me hallasteis siempre firme
   y muy leal;   15
acordaos cómo, en ausencia,
nunca pude arrepentirme
   de mi mal;
acordaos cómo soy vuestro
sin jamás haber pensado   20
   ser ajeno;
acordaos cómo no muestro
el medio mal qu'he passado
   por ser bueno.

Acordaos que no sentistes,   25
en mi vida, una mudança
   que hiziesse;
acordaos que no me distes,
en la vuestra, una esperança
   que viviesse;   30

---

[1] *acordaos*. Nótese el efecto, de la repetición anafórica de esta palabra. ·

acordaos de la tristura
que siento yo por la vuestra
que mostráis;
acordaos ya, por mesura,
del dolor qu'en mí se muestra   35
y vos negáis.

Acordaos que fui sujeto,
y soy, a vuestra belleza,
con razón;
acordaos que soy secreto[2]   40
acordaos de mi firmeza
y afición;
acordaos de lo que siento
cuando parto y vos quedáis,
o vos partís;   45
acordaos cómo no miento,
aunque vos no lo pensáis,
según dezís.

Acordaos de los enojos
que m'habés hecho passar,   50
y los gemidos;
acordaos ya de mis ojos,
que de mis males llorar
están perdidos;
acordaos de cuánto's quiero;   55
acordaos de mi desseo
y mis sospiros;
acordaos cómo, si muero,
destos males que posseo,
es por serviros   60

Acordaos que llevaréis
un tal cargo sobre vos
si me matáis,
que nunca lo pagaréis

---

[2] *secreto*, 'callado, reservado', pero también, según su
etimología, 'aislado, separado'.

ant'el mundo ni ante Dios,   65
       aunque queráis;
y aunque yo sufra paciente
la muerte, y de voluntad
       mucho lo hecho,
no faltará algún pariente   70
que dé quexa a la'rmandad [3]
       de tal mal hecho

       Después que pedí justicia,
torno ya pedir merced
       a la bondad,   75
no por c'haya gran cobdicia [4]
de vevir, mas vos habed
       ya piedad;
y creedme lo que os cuento,
pues que mi mote sabéis   80
       que dize assí.
Ni miento ni me arrepiento [5],
ni jamás conosceréis
       ál [6] en mí.

                    CABO

       Por fin de lo que dessea   85
mi servir y mi querer
       y firme fe,
consentid que vuestro sea,
pues que vuestro quiero ser
       y lo seré;   90

---

[3] *la Hermandad*. Se refiere a la institución, vieja en
Castilla, que perseguía los crímenes cometidos en despo-
blado. Fue ratificada en tiempos de Enrique IV con el
nombre de *Hermandad nueva*, y más tarde, 1476, reorga-
nizada por los Reyes Católicos.
[4] *cobdicia*, 'codicia, deseo'. Conserva la *b*, sonorización
de *p*, de *cupiditia*, luego desaparecida.
[5] *mote*, 'frase breve y sentenciosa que se colocaba en
el estandarte del·caballero'. Este era el mote de J. Manrique. (Vid. poema 36.)
[6] *ál*, 'otra cosa'. De *alid* por *aliud*.

y perded toda la dubda
que tomastes contra mí
        d'ayer acá,
que mi servir no se muda,
aunque vos pensáis que sí,   95
        ni mudará.

11

VED QUÉ CONGOXA LA MÍA

Ved qué congoxa [1] la mía,
ved qué quexa desigual
        que m'aquexa,
que me cresce cada día
un mal, teniendo otro mal   5
        que no me dexa.
No me dexa [2] ni me mata,
ni me libra, ni me suelta,
        ni m'olvida;
mas de tal guisa me tracta,   10
que la muerte anda revuelta
        con mi vida.

Con mi vida no me hallo,
porqu'estó ya tan usado
        del morir,   15
que lo sufro, muero y callo,
pensando ver acabado
        mi vevir.

---

[1] *congoxa*, 'congoja'. Como *quexa, dexa* y otros. Palabra
relacionada con el latín *angustus* e introducida a través
del catalán. Muy acreditada en la poesía amorosa trovadoresca.

[2] El poema está lleno de recursos retóricos, como este
de comenzar la segunda parte de cada estrofa repitiendo
la terminación de la primera. El fenómeno se llama
conduplicación.

Mi vevir que presto muera,
muera porque viva yo;   20
        y, muriendo,
fenezca el mal, como quiera
que jamás no fenesció
        yo viviendo[3].

Viviendo nunca podía   25
conoscer si era vevir
        y por cierto,
sino ell alma que sentía
que no pudiera sentir
        siendo muerto.   30
Muerto, pero de tal mano
que, aun teniendo buena vida,
        era razón
perdella, y, estando sano,
buscar alguna herida   35
        al coraçón.

Al coraçón qu'es herido
de mil dolencias mortales,
        es d'escusar
pensar de velle guarido[4];   40
mas de dalle otras mil tales[5]
        y acabar.
Acabar porque será
menor trabajo la muerte
        que tal pena,   45
y acabando escapará
de vida c'aun era fuerte
        para ajena.

Para ajena es congoxosa
de vella y también de oilla   50

---

[3] Nótese el juego conceptuoso de contrarios muy del
gusto de la poesía de cancioneros.
[4] *guarido*, 'protegido', 'sanado'. Forma del ant. *guarir*,
de origen germánico.
[5] *tales*, 'semejantes'. Se refiere a las heridas o dolencias
mortales de que antes habla.

al que la tiene;
pues ved si será enojosa
al que, forçado, sufrilla
le conviene.
Le conviene aunque no quiera,   55
pues no tiene libertad
de no querer;
y si muriere, que muera,
cuanto más que ha voluntad
de fenescer.   60

De fenescer he desseo
por el mucho dessear
que me fatiga,
y por el daño que veo
que me sabe acrescentar   65
un enemiga.
Un enemiga tan fuerte,
qu'en ell arte del penar
tanto sabe,
que me da siempre la muerte   70
y jamás me da lugar
que m'acabe.

FIN

Ya mi vida os he contado
por estos renglones tristes
que veréis,   75
y quedo con el cuidado
que vos, señora, me distes
y daréis.
N'os pido que me sanéis,
que, según el mal que tengo,   80
no's possible;
mas pido's que me matéis,
pues la culpa que sostengo
es tan terrible.

NI VEVIR QUIERE QUE VIVA...

Ni Vevir quiere que viva,
ni Morir quiere que muera,
ni yo mismo sé qué quiera,
pues cuanto quiero s'esquiva;
   ni puedo pensar qu'escoja   5
mi penado pensamiento,
ni hallo ya quien m'acoja
de miedo de mi tormento.

Este dolor desigual
rabia mucho por matarme;   10
por hazerme mayor mal,
Muerte no quiere acabarme.
   ¿Qué haré? ¿Adónde iré
que me hagan algún bien?
Helo pensado y no sé   15
cómo, ni dónde, ni a quién.

Y ándome assí perdido,
añadiendo pena a pena,
con un deporte [1] fengido,
con un alegría ajena;   20
   mas presto se irá de mí,
que comigo anda penada,
y pues la mía perdí,
perderé la que's prestada.

El menor cuidado mío   25
es mayor que mil cuidados,

---

[1] *deporte*, 'gusto, placer'. Es palabra antigua en castellano; Corominas, *op. cit.*, la fecha hacia 1440. En su significado moderno traduce al francés *deport*, y al inglés, *sport*.

y el remedio que confío
es de los más mal librados;
   que será poca mi vida
y presto se complirá,   30
que pena tan sin medida
nunca mucho durará.

   ¡Oh, Señor, que se cumpliesse [2]
esto que tanto desseo,
porque yo no posseyesse   35
los dolores que posseo!
   Que me puedes socorrer,
con sola muerte m'acorre,
que si bien m'has de hazer
venga presto y no s'engorre [3]   40

   Si no, si mucho s'aluenga [4]
yo me haré tan usado
a los males, que sostenga
cualquier tormento y cuidado;
   pues, Muerte, venid, venid   45
a mi clamor trabajoso,
y matad y concluid
un hombre tan enojoso.

FIN

   Que si a ti sola te plaze,
pues a mí viene en plazer,   50
según mi cuita lo haze,
presto puedo fenescer.

---

[2] Frase deprecativa, que expresa un deseo vehemente.
[3] *engorre*, 'tarde, retrase'. Forma del antiguo verbo
engorrar. Hoy se usa el sustantivo *engorro* con sentido
de 'dificultad, estorbo'.
[4] *aluenga*, 'alarga, tarda'. Relacionado con *longus*.

LOS FUEGOS QU'EN MÍ ENCENDIERON...

Los fuegos qu'en mí encendieron
los mis amores passados,
nunca matallos pudieron
las lágrimas que salieron
de los mis ojos cuitados;   5
  pues[1] no por poco llorar,
que mis llantos muchos fueron,
mas no se pueden matar
los fuegos de bien amar,
si de verdad se prendieron.   10

Nunca nadie fue herido
de fiera llaga mortal,
que tan bien fuesse guarido,
que le quedasse en olvido
de todo punto su mal: 15
  en mí se puede probar,
que yo no sé qué me haga,
que, cuando pienso sanar,
de nuevo quiebra Pesar
los puntos della[2] mi llaga.   20

Esto haze mi ventura
que tan contraria m'ha sido,
que su plazer y holgura
es mi pesar y tristura,
y su bien, verme perdido;   25

---

[1] *pues*, con sentido adversativo de *pero* o copulativo de *y*.
[2] *della*, 'de la'. Durante mucho tiempo en este tipo de sintagmas se interpuso el posesivo entre el artículo y el sustantivo.

mas un consuelo me da
este gran mal que me haze:
que pienso que no terná
más dolor que darme ya
ni mal con quien m'amenaze.   30

¿Qué dolor puede dezir
Ventura que m'ha de dar,
que no lo pueda sofrir?;
porque después de morir
no hay otro mal ni penar.   35
Por esto no temo nada,
ni tengo de qué temer,
porque mi muerte es passada,
y la vida no acabada
qu'es la gloria c'ha de haber,   40

Pues pena muy sin medida,
ni desiguales dolores,
ni rabia muy dolorida,
¿que pueden hazer a vida
que los dessea mayores?   45
No sé en qué pueda dañarme
ni mal que pueda hazerme;
pues que lo más es matarme,
desto no puede pesarme,
de todo debe plazerme.   50

CABO

Sobró³ mi amor en amor
all amor más desigual,
y mi dolor en dolor
al dolor que fue mayor
en el mundo, y más mortal;   55
y mi firmeza en firmeza
sobró todas las firmezas,

---

³ *sobró*, 'superó, sobrepasó'. De *superare*.

y mi tristeza en tristeza
por perder una belleza
que sobró todas bellezas.   60

14

ESTANDO AUSENTE DE SU AMIGA,
A UN MENSAGERO QUE ALLÁ ENVIABA

Vé, discreto mensagero,
delante aquella figura
        valerosa
por quien peno, por quien muero,
flor de toda hermosura   5
        tan preciosa,
y mira, cuando llegares
a su esmerada presencia,
        que resplandesce;
do quiera que la hallares   10
tú le hagas reverencia
        cual meresce.

Llegarás con tal concierto,
los ojos en el sentido
        resguardando,   15
no te mate quien ha muerto
mi coraçón, y vencido
        bienamando;
y después de saludada
su valer[1] con afición   20
        tras quien sigo,
de mi triste enamorada[2]
le harás la relación
        que te digo:

---

[1] *su valer*, 'su presencia valiosa'.
[2] *enamorada*, 'estado de enamoramiento'.

115

Dirásle que soy tornado   25
con más penas que llevé
        cuando partí,
todo siempre acompañado
d'aquella marcada fe
        que le di.   30
Aquel vivo pensamiento
m'ha traído, sin dudança,
        assegurado
al puerto de salvamiento,
do'stá la clara holgança   35
        de mi grado [3].

Dirásle cómo he venido
hecho mártir, padesciendo
        los desseos
de su gesto [4] tan complido,   40
mis cuidados combatiendo
        sus arreos.
No t'olvides de contar
las aflegidas passiones
        que sostengo   45
sobr'estas ondas de mar,
do'spero los galardones
        tras quien vengo.

Recuerde bien tu memoria
de los trabajados días   50
        qu'he sofrido
por más merescer la gloria
de las altas alegrías
        de Cupido.
Y plañendo y sospirando,   55
por mover a compassión
        su crueza,
le dí [5] que ando esperando,

---

[3] grado, 'agrado, gusto'. Hoy usamos el cultismo grato.
[4] gesto, 'cara, semblante'.
[5] le di, 'díle'.

116

bordado mi coraçón
de firmeza.   60

Que no quiera ni consienta
la perdición que será
enemiga
de mi vida, su sirvienta,
en quien siempre hallará   65
buen amiga;
mas que tenga por mejor
—pues con razón me querello—
de guiarme,
y, si plaze al dios d'amor,   70
a ella no pese dello
por salvarme.

Y dirás la pena fuerte
que de su parte me guarda
fatigando,   75
y cuán cierta m'es la muerte
si mi remedio se tarda
de su bando,
dirásle mi mal amargo,
mi congoxoso [6] dolor   80
y mi pesar,
y sepa qu'es grande cargo,
al que puede y es deudor,
no pagar.

Díle que vivo sin ella   85
como las almas serenas,
muy penado
de pena mayor que aquélla,
de sus grillos y cadenas
aferrado;   90
y si no quiere valerme,
pues yo no sé remediarme

---

[6] *congoxo, congoxoso*, Cortina lee *congoxo*; Foulché-
Delbosc, *congoxoso*.

en tal modo,
para nunca socorrerme,
muy mejor será matarme   95
ya del todo.

Si vieres que te responde
con amenazas de guerra,
        según sé,
dile que te diga dónde   100
su mandado me destierra,
        c'allá iré;
y, si por suerte o ventura,
te mostrare que es contenta,
        cual no creo,   105
suplica a su hermosura
c'a su servicio consienta
        mi desseo.

FIN

Remediador de mis quexas,
no te tardes, ven temprano,   110
        contemplando
el peligro en que me dexas
con la candela en la mano[7]
        ya penando;
y pues sabes cómo espero   115
tu vuelta para guarirme[8]
        o condenarme,
que no tardes te requiero
en traer el mando firme
        de gozarme.   120

---

[7] Frase hecha que representa la actitud de los moribundos.
[8] Vid. nota 4, poema 11.

15

MEMORIAL QUE HIZO A SU CORAÇÓN QUE PARTE AL DESCONOSCIMIENTO DE SU AMIGA DONDE ÉL TIENE TODOS SUS SENTIDOS

Allá verás mis sentidos,
coraçón, si los buscares,
pienso que harto perdidos,
con gran sobra de pesares.
    Envíame acá el Oír,   5
porque mucho me conviene,
porque oya [1] de quien los tiene
algunas vezes dezir [2].

Allá está mi pensamiento,
allá mi poca alegría   10
que perdí en mi vencimiento,
y todo el bien que tenía.
    Si tú los pudieres ver,
mucho me los encomienda [3];
mas cata [4] que no lo entienda   15
la que los tiene en poder.

Allá está mi libertad,
allá toda mi cordura;
tiénelo en cargo Bondad,
cativólos Hermosura;   20

---

[1] *oya*, 'oiga'. Como *vala* por 'valga', o *traya* por 'traiga'.
[2] *dezir*, 'hablar'.
[3] *me los encomienda*, 'encomiéndamelos'. Imperativo con los complementos pronominales antepuestos. Relacionado con *mandare* a través de *commendare*, 'confiar algo, recomendar'.
[4] *cata*, 'mira'. Del latín *captare*, 'percibir'.

la portera es Honestad,
por la cual nunca podrás
hablar con quien tú querrás,
si no buscas a Piedad.

Mas está tan encerrada,   25
que si tú hablarla'speras,
tal será la tu tornada
que antes que partas mueras.
   Si no buscas algún arte
cómo hables con quien quieres,   30
cuanto en Piedad [5] no esperes,
alcançar ninguna parte.

CABO

Y dirás a la señora
que tiene toda essa gente,
que soy presto toda hora   35
a su mandar y obidiente;
   y qu'es vuelto a mi servicio
un público vassallaje,
y mi fe en pleyto homenaje,
y mi penar en oficio.   40

---

[5] *cuanto en Piedad*, 'en cuanto a, por lo que se refiere
a **Piedad**'.

16

OTRAS SUYAS EN QUE PONE EL NOMBRE
DE VNA DAMA; Y COMIENÇA Y ACABA EN
LAS LETRAS PRIMERAS DE TODAS LAS
COPLAS [Y VERSOS], Y DICE[1]:

¡Guay[2] d'aquél que nunca atiende[3]
galardón por su servir!
¡Guay de quien jamás entiende
guarescer ya ni morir!
¡Guay de quien ha de sufrir   5
grandes males sin gemido!
¡Guay de quien ha perdido
gran parte de su vivir!

Verdadero amor y pena
vuestra belleza me dio.   10
Ventura no me fue buena,
Voluntad me cativó.
Veros sólo me tornó
vuestro, sin más defenderme;
Virtud pudiera valerme;   15
valerme, mas no valió.

Y estos males qu' he contado
yo soy el que los espera;
yo soy el desesperado;
yo soy el que desespera;   20
yo soy el que presto muera,
y no viva, pues no vivo;
yo soy el qu'está cativo
y no piensa verse fuera.

---

[1] El nombre leído en acróstico es *Guiomar*, y se trata
de la esposa del poeta.
[2] *guay*, interjección antigua formada por combinaci
del latín *vae* y del germánico *wai*.
[3] *atiende*, 'espera'.

¡Oh, si aquestas mis passiones,   25
oh, si la pena en qu'estó,
oh, si mis fuertes passiones
ossase descobrir yo!
    Oh, si quien a mí las dio
oyesse la quexa dellas!   30
¡Oh, qué terribles querellas
oirié [1] qu'ella causó!

    Mostrara una triste vida
muerta ya por su ocasión;
mostrara una gran herida   35
mortal en el coraçón;
    mostrara una sinrazón
mayor de cuantas he oído:
matar un hombre vencido
metido ya en la prisión.   40

    Agora que soy ya suelto,
agora veo que muero;
agora fuesse yo vuelto
a ser vuestro prisionero;
    aunque muriesse primero,   45
a lo menos moriría
a manos de quien podría
acabar el bien qu'espero.

CABO

    Rabia terrible m'aquexa,
rabia mortal me destruye,   50
rabia que jamás me dexa,
rabia que nunca concluye;

---

[1] *oirié*, 'oiría'. El imp. de ind. y el potencial de la
segunda y tercera conjugación terminaban en é acentua-
da. (Vid. Hanssen, *op. cit.*, §§ 234 y 260.) Cortina no lo
acentúa, pero es necesario para la cadencia del verso.

remedio siempre me huye,
reparo se me desvía,
revuelve por otra vía   55
revuelta y siempre rehuye.

17

OTRA OBRA SUYA EN QUE PUSO EL NOMBRE
DE SU ESPOSA, Y ASSIMISMO NOMBRADOS
LOS LINAJES DE LOS CUATRO COSTADOS
DELLA, QUE SON: CASTAÑEDA, AYALA,
SILVA, MENESES

Según el mal me siguió,
maravíllome de mí
cómo assí me despedí
que jamás no me mudó.
Cáusame aquesta firmeza   5
que, siendo de vos ausente,
ante mí estaba presente
contino[1] vuestra belleza.

Por cierto no fueron locas
mis temas y mis porfías,   10
pues que las congoxas mías
de muchas tornastes pocas.
Tañed agora, pues, vos,
en cuerdas de gualardón[2]:
como cante a vuestro són,   15
muy contento soy, par Dios[3].

Vaya la vida passada
que por amores sufrí,

---

[1] *contino*, 'de continuo', continuamente.
[2] *gualardón*, 'galardón, premio, recompensa'. Forma
acreditada en toda la Edad Media alternando con *galardón* (vid. v. 35), y persistente hoy en judeo-español. Palabra de origen germánico.
[3] ¡*Par Dios*!, '¡por Dios!', interjección.

pues me pagastes con sí,
señora, bien empleada [4];   20
y tened por verdadera
esta razón que diré:
que siempre ya cantaré
pues que fustes la primera.

Si'l valer vuestro querrá   25
—pues que me quiso valer—
amarme mucho y querer,
sé que buen logro dará.
Si vos assí lo hazéis,
doblada será mi fe,   30
y aunque yo nunca diré,
señora, no me culpéis.

Lo que causa que más amen
es esperança de ver
buen galardón de querer;   35
y el contrario, que desamen.
Yo lo habré por muy estraño
si, en pago de mi servir,
querés cantar y dezir:
a mí venga muy gran daño.   40

CABO

Tomando d'aquí el nombre
qu'está en la copla primera,
y d'estotra postrimera
juntando su sobrenombre [5]
claro verán quién me tiene   45
contento por su cativo,
y me plaze, porque vivo
sólo porqu'ella me pene.

---

[4] Bien empleada estuvo la vida pasada en que sufrí de
amores, pues me disteis el sí.
[5] Para hallar la solución al acróstico deben combinarse
el final del verso 1 y el comienzo del siguiente, Guiomar;
lo mismo con los versos 12-13, Castañeda; el comienzo

124

18

CANCIÓN

Quien no'stuviere en presencia
no tenga fe en confiança
pues son olvido y mudança
las condiciones d'ausencia.

Quien quisiere ser amado   5
trabaje por ser presente,
que cuan presto fuere ausente,
tan presto será olvidado;
　y pierda toda esperança
quien no'stuviere en presencia,   10
pues son olvido y mudança
las condiciones d'ausencia.

19

CANCIÓN [1]

Con tantos males guerreo,
en tantos bienes me ví,
que de verme cual me veo
ya no sé qué fue de mí.

---

del 17, Ayala; también el principio del 25, Silva, y, por
fin, el final y el principio de los versos 33-34 respectivamente, Meneses.

[1] Este poema figura en el *Cancionero general* de 1511
a continuación de «Quien no'stuviere en presencia», sin
nombre de autor, sólo se dice: «Otra canción», y es de
suponer que sea del mismo que la anterior. Así lo hace
Hernando del Castillo en otras ocasiones. La atribución
a Jorge Manrique está fundamentada. No recogen esta
composición ni Foulché-Delbosc ni Cortina.

Mis glorias murieron luego,   5
mis males resucitaron,
fortuna encendió tal huego
do mis glorias se quemaron.
Dexó tan vivo el deseo,
memoria de lo que ví,   10
que de verme cual me veo
ya no sé qué fue de mí.

20

CANCIÓN

No sé por qué me fatigo,
pues con razón me vencí,
no siendo nadie conmigo
y vos y yo contra mí.

Vos por m'haber desamado,   5
yo por haberos querido,
con vuestra fuerça y mi grado [1]
habemos a mí vencido;
  pues yo fui mi enemigo
en darme como me dí,   10
¿quién osará ser amigo
del enemigo de sí?

21

CANCIÓN

Quien tanto veros dessea,
señora, sin conosceros,
¿qué hará, después que os vea,
cuando no pudiere veros?

---

[1] *mi grado*, 'mi voluntad'.

126

Gran temor tiene mi vida   5
de mirar vuestra presencia,
pues amor en vuestra ausencia
me hirió de tal herida;
    aunque peligrosa sea,
delibro[1] de conosceros,   10
y si muero porque os vea,
la victoria será veros.

22

CANCIÓN

Es una muerte escondida
este mi bien prometido,
pues no puedo ser querido
sin peligro de la vida.

Mas sólo porque me quiera   5
quien en vida no me quiere,
yo quiero sofrir que muera
mi vevir, pues siempre muere;
    y en perder vida perdida
no me cuento por perdido,   10
pues no puedo ser querido
sin peligro de mi vida.

23

CANCIÓN

Por vuestro gran merecer,
Amor me pone tal grado,
que me pierdo por perder
de las angustias cuidado.

---

[1] *delibro*, 'delibero, resuelvo'.

Pues que se acabe la vida   5
con dolor tan lastimero,
so contento y lo quiero,
si ella queda servida;
    porque quiere mi querer,
muy contento e no forçado,   10
que me pierdo por perder,
de las angustias cuidado.

24

CANCIÓN

Con dolorido cuidado,
desgrado [1], pena y dolor,
parto yo, triste amador,
d'amores desamparado,
d'amores, que no d'amor.   5

Y el coraçon, enemigo
de lo que mi vida quiere,
ni halla vida ni muere,
ni queda ni va conmigo;
    sin ventura, desdichado,   10
sin consuelo, sin favor,
parto yo, triste amador,
d'amores desamparado,
d'amores, que no d'amor.

25

CANCIÓN

Cuanto más pienso serviros,
tanto queréis más causar
que gaste mi fe en sospiros,

---

[1] *desgrado*, 'de mala voluntad'.

y mi vida en dessear
lo que no puedo alcançar.   5

Bien conosco qu'estoy ciego
y que mi gran fe me ciega,
y que esperando me niega
que n'os vencerés [1] de ruego;
    y que, por mucho serviros,   10
no dexarés de causar
que gaste mi fe en sospiros,
y mi vida en dessear
lo que no puedo alcançar.

26

CANCIÓN

Justa fue mi perdición;
de mis males soy contento,
no se'spera galardón,
pues vuestro merescimiento
satisfizo mi passión.   5

Es victoria conoscida
quien de vos queda vencido,
qu'en perder por vos la vida
es ganado lo perdido.
    Pues lo consiente Razón,   10
consiento mi perdimiento
sin esperar galardón,
pues vuestro merescimiento
satisfizo mi passión.

---

[1] *vencerés*, por 'venceréis', como en el v. 11 *dexarés*,
por 'dejaréis'. «No os daréis por vencida a fuerza de
ruegos.»

27

CANCIÓN

Cada vez que mi memoria
vuestra beldad representa,
mi penar se torna gloria,
mis servicios en victoria,
mi morir, vida contenta.   5

E queda mi coraçon
bien satisfecho en serviros;
el pago de sus sospiros
halo[1] por buen galardón;
porque vista la memoria   10
en que a vos os representa,
su penar se torna gloria,
sus servicios en victoria,
su morir, vida contenta.

28

CANCIÓN

No tardes, Muerte, que muero[1];
ven, porque viva contigo;
quiéreme, pues que te quiero,
que con tu venida espero
no tener guerra conmigo.   5

---

[1] *halo*, 'lo tiene'.
[1] Este verso tiene una evidente repercusión en el del
famoso estribillo de Encina: «No te tardes, que me
muero.»

Remedio de alegre vida
no lo hay por ningún medio,
porque mi grave herida [2]
es de tal parte venida,
qu'eres tú sola remedio.   10
    Ven aquí, pues, ya que muero;
búscame, pues que te sigo;
quiéreme, pues que te quiero,
e con tu venida espero
no tener vida conmigo.   15

29

ESPARZA

Hallo que ningún poder
ni libertad en mí tengo,
pues ni'stó ni vo [1] ni vengo
donde quiere mi querer:
    que si'stó, vos me tenéis;   5
y si vo, vos me lleváis;
si vengo, vos me traéis;
assí que no me dexáis,
señora, ni me queréis.

30

ESPARZA

Yo callé males sufriendo
y sufrí penas callando,
padescí no meresciendo
y merescí padesciendo

---

[2] Téngase en cuenta la h aspirada de *herida*.
[1] *stó*, 'estoy', *vo*, 'voy'. (Vid. n. 5, poema 1.)

los bienes que no demando: 5
    si ell esfuerço qu'he tenido
para callar y sofrir
tuviera para dezir,
no sintiera mi vevir
los dolores que ha sentido.   10

31

ESPARZA

Pensando, señora, en vos,
vi en el cielo una cometa: [1]
es señal que manda Dios
que pierda miedo, y cometa [2]
a declarar el desseo
    que mi voluntad dessea,   5
porque jamás no me vea
vencido como me veo
en esta fuerte pelea
que yo conmigo peleo.   10

32

ESPARZA

Callé por mucho temor;
temo, por mucho callar,
que la vida perderé;
assí con tan grande amor

---

[1] La aparición de estos astros en el cielo era tenida
como una señal supersticiosa. Cultismo que Corominas
documenta en 1444.

[2] *cometa*, pr. sub. de *cometer*, 'emprender una lucha
Hoy se usa *acometer*. Nótese la paranomasia entre uno
y otro *cometa*.

no puedo, triste, pensar   5
qué remedio me daré.
   Porque alguna vez hablé,
halléme dello tan mal,
que sin dubda más valiera
callar; mas tan bien callé   10
y pené tan desigual,
que, más callando, muriera.

33

ESPARZA

¡Qué amador tan desdichado,
      que gané
en la gloria d'amadores
el más alto y mejor grado,
      por la fe   5
que tuve con mis amores!
   Y assí como Lucifer
se perdió por se pensar
igualar con su Señor,
assí me vine a perder   10
por me querer igualar
en amor con el Amor.

34

ESPARZA

Mi temor ha sido tal
que m'ha tornado judío;
por esto ell esfuerço mío
manda que traiga señal [1]:

---

[1] *señal*. Alude a la que obligatoriamente llevaban los
judíos para distinguirlos de los que no lo eran.

pues viendo cuán poco gano
viviendo'n ley que no's buena,
osando's dezir mi pena
me quiero tornar cristiano.

35

ESPARZA

Es mi pena desear
ser vuestro de vuestro grado[1];
que no sello es escusado
pensar podello escusar;
por esto lo que quisiera   5
es sello a vuestro plazer,
que sello sin vos querer,
desde c'os vi me lo era.

36

MOTE[1]
DON JORGE MANRIQUE SACÓ POR CIMERA
VNA AÑORIA[2] CON SUS ALCADUCES[3] LLENOS,
Y DIXO:

Aquestos y mis enojos
tienen esta condición:
que suben del coraçón
las lágrimas a los ojos.

---

[1] *grado*, 'por vuestra propia voluntad'.
[1] *mote*, vid. n. 5, poema 10.
[2] *añoria*, 'noria o rueda giratoria para sacar agua'.
Palabra de origen arábigo.
[3] *alcaduces*, 'cada uno de los cangilones basculantes
que tiene la noria para sacar el agua'. Modernamente,
se dice *arcaduces* por influencia de *arco*, ya que están
colocados en el círculo de la noria.

37

A SU MOTE QUE DICE:
«NI MIENTO NI M'ARREPIENTO»

Ni miento ni m'arrepiento
ni digo ni me desdigo,
ni estó triste ni contento,
ni reclamo ni consiento,
 ni fío ni desconfío;   5
ni bien vivo ni bien muero,
ni soy ajeno ni mío,
ni me vençço ni porfío,
ni espero ni desespero.

FIN

Conmigo sólo contiendo   10
en una fuerte contienda,
y no hallo quien m'entienda,
ni yo tampoco m'entiendo.
 Entiendo y só lo que quiero,
mas no entiendo lo que quiera   15
quien quiere siempre que muera
sin querer creer que muero.

38

«SIEMPRE AMAR Y AMOR SEGUIR»

(GLOSA)[1]

Quiero, pues quiere Razón
de quien no puede huir,
con fe de noble passión,
passión que pone afición,
siempre amar y amor seguir.   5

Siempre amar, pues que se paga
—según muestra amar Amor—
con amor, porque la llaga
—bien amando— del dolor
se sane y quede mayor.   10
Tal que con tal intinción
quiero sin merced pedir,
pues que lo quiere Razón,
con fe de noble passión
siempre amar y amor seguir.   15

39

«SIN DIOS Y SIN VOS Y MI»[1]

(GLOSA)

Yo soy quien libre me vi,
yo, quien pudiera olvidaros;
yo so el que por amaros

---

[1] *glosa*, composición que desarrolla, verso a verso, un estribillo prefijado.

[1] El mote es distinto en Cartagena y en Manrique. El primero dice: «Yo sin vos, sin mi, sin Dios.» Vid. *Cancionero general*, ed. cit., fol. 143 v.

estoy, desque os conoscí,
sin Dios y sin vos y mí.   5

Sin Dios, porqu'en vos adoro;
sin vos, pues no me queréis;
pues sin mí ya está de coro [2]
que vos sois quien me tenéis.
Assí que triste nascí,   10
pues que pudiera olvidaros;
yo so el que por amaros
estó, desque [3] os conoscí,
sin Dios y sin vos y mí.

40

PREGUNTA

Después qu'el fuego s'esfuerça
dell amor, en cualquier parte,
no vale esfuerço ni fuerça
seso ni maña ni arte;
ni vale consejo ajeno,   5
ni hay castigo ni enmienda,
ni vale malo ni bueno,
ni vale tirar del freno,
ni vale dalle la rienda.

Pues no aprovecha proballo   10
para habelle de matar,
muy mejor será dexallo
que se acabe de quemar;
que con aquello qu'entiende
con esso mismo lo aprende,   15
porque tanto más lo enciende
cuanto más echan en él.

---

[2] *de coro*, 'sabido de memoria'.
[3] *desque*, contracción de 'desde que'.

Era escusado pedir
remedio para mi mal,
pues que tengo de morir   20
por remedio principal.
    Assí qu'estoy en temor
bien cierto de mala suerte,
pues no hallo ser mejor
el remedio qu'el dolor,   25
ni el remedio que la muerte.

Vuestra discreción me haze
tener alguna esperança,
y mi ventura desfaze
mi bien y mi confiança;   30
    mas dígame lo que pido,
aunque remedio no tenga:
yo estoy cerca de perdido
y lexos de socorrido,
y quieren que me detenga.   35

41

PREGUNTA

Entre dos fuegos lançado,
donde amor es repartido,
del uno soy encendido,
del otro cerca quemado;
    y no sé yo bien pensar   5
cuál será mejor hazer:
dexarme más encender
o acabarme de quemar.
Dezid qué debo tomar.

42

PREGUNTA

Entre bien y mal, doblado
pasa un gran río caudal;
yo estó en cabo [1] del mal.
Galardón [2], que era la puente,
es ya quebrada por medio; 5
¿qué me daréis por remedio,
qu'el nadar no lo consiente
la fuerça de la cresciente? [3].

43

PREGUNTA

Porque me hiere un dolor
quiero saber de vos, cierto,
cuando matastes Amor
si lo dexastes bien muerto;
o si había más amores 5
para dar pena y cuidado,
o si ha ressucitado,
porque, según mis dolores,
Amor me los ha causado.

---

[1] *en cabo*, 'en el extremo, o en la ribera del mal'.
[2] *galardón*, vid. n. 2, poema 17. Es palabra muy acreditada por la tradición trovadoresca.
[3] *cresciente*, 'crecida del río que viene doblado.

RESPUESTA [1]

Los males que son menores
d'amor, es mi opinión,
que más y mayores son
que los que d'ál [2] son mayores;
y el dios de los amadores   5
no da favor ni destierra
cuando son merescedores;
mas do la virtud s'encierra,
la gracia cobra más tierra.

RESPUESTA [1]

Mi saber no es para solo,
dadme plazo fasta'l martes,
pues imos dond'hay las artes
que fablan, señor, del Polo.

---

[1] El poeta responde a la pregunta que le hace su amigo
Guevara en una composición (n. 95 del *Canc. cast. del
siglo XV*, de Foulché-Delbosc, loc. cit.) sobre «cuál es
la mayor passión, dolor de trueno o de amores». En la
Edad Media, *trueno* se usaba con la acepción figurada
de ´explosión de arma de fuego'. Probablemente, don
Jorge habría sido herido en la guerra, y su amigo aprovecha esta coyuntura para plantear la cuestión entre la
herida cruenta y la de amores.

[2] *d'al*, ´de otra cosa'. (Vid. n. 6, poema 10.)

[1] A su tío don Gómez, contestando a un requerimiento
de éste. El texto parece muy estragado, y para su comprensión haría falta conocer la circunstancia que lo
motivó. Quizá en el verso 4 haya que leer *Apolo*, tal
como figura en la composición de don Gómez.

Mas de tal saber ayuno
digo, sin acuerdo alguno,
que debemos todos ir
a vuestro mando complir,
señor, que non quede uno.

II

POESÍA BURLESCA

46

A UNA PRIMA SUYA QUE LE ESTORBABA
UNOS AMORES

Cuando el bien temprar concierta
al buen tañer y conviene,
tanto daña y desconcierta
la prima[1] falsa que tiene;
    pues no aprovecha templalla,   5
ni por ello mejor suena,
por no estar en esta pena,
muy mejor será quebralla
que pensar hazella buena.

[1] *prima.* Todo el poema está basado en el equívoco
producido por la doble acepción de esta palabra: 'relación de parentesco' y 'cuerda de timbre más agudo en un instrumento'.

COPLAS A UNA DEUDA QUE TENÍA EMPEÑADO UN BRIAL EN LA TABERNA

Hanme dicho que s'atreve
una dueña a dezir mal,
y he sabido cómo bebe
continuo sobre[1] un brial[2];
    y aun bebe de tal manera   5
que, siendo de terciopelo,
me dizen que a chico vuelo[3]
será de la tabernera.

Está como un serafín
diziendo ya: «¡Oxallá   10
estuviesse San Martín[4]
adonde mi casa está!»
    De Valdiglesias s'entiende
esta petición, y gana
por ser d'allí perrochana[5],   15
pues que tal vino se vende.

Y reza de cada día,
esta devota señora,

---

[1] *sobre*, 'con la garantía de'.
[2] *brial*, 'túnica de tela rica'.
[3] *a chico vuelo*, frase hecha para significar 'muy pronto', 'a escape'.
[4] *San Martín de Valdeiglesias*, localidad situada al SO. de Madrid, famosa por sus vinos. Igualmente lo son los otros nombres geográficos que va enumerando luego —Madrigal, Villa (ahora Ciudad) Real, Yepes, Coca, Luque, Baeza, Úbeda—. Como la villa madrileña está dedicada a un santo, de ahí parte para iniciar humorísticamente una letanía religiosa añadiendo a los otros nombres una calificación reverencial.
[5] *perrochana*, 'parroquiana'.

esta santa letanía,
que pornemos aquí agora,   20
   (en medio del suelo duro
hincados los sus hinojos,
llorando de los sus ojos
de beber el vino puro:)

«O, Beata Madrigal,   25
ora pro nobis a Dios! »
« ¡O, Santa Villa Real,
señora, ruega por nos! »
« ¡Santo Yepes, Santa Coca
rogad por nos al Señor,   30
porque de [6] vuestro dulçor
no fallezca [7] a la mi boca! »

« ¡Santo Luque, yo te pido
que ruegues a Dios por mí,
y no pongas en olvido   35
de me dar vino de ti! »
« ¡O tú, Baeça beata,
Úbeda, santa bendita,
este desseo me quita
del torontés [8], que me mata! »   40

---

[6] *de*, con sentido partitivo.
[7] *fallezca*, 'falte'. (Vid. n. 1, poema 8.)
[8] *torontés*, 'uva muy dulce propia para vino'. Debe decir *torontés*. Corominas relaciona esta palabra con el portugués *terrantes*, 'propio del país', y se aplica a la uva de la que se obtiene el vino de Oporto. «Bebeta, que torontés parece.» *La lozana andaluza*, mamotreto, XIII.

UN CONVITE QUE HIZO SU MADRASTRA [1]

Señora muy acabada,
tened vuestra gente presta,
que la triste hora es llegada
de la muy solemne fiesta.
    Cuando yo un cuerno tocare,   5
moverés todas al trote,
y a la que primero llegare
d'aquí le suelto ell escote [2].

    Entrará vuestra merced,
porqu'es más honesto entrar,   10
por cima d'una pared
y dará en un muladar.
    Entrarán vuestras donzellas
por baxo d'un albollón [3],
hallaréis luego un rincón   15
donde os pongáis vos y ellas.

    Por remedio del cansancio
deste salto peligroso,
hallaréis luego un palacio
hecho para mi reposo;   20
    sin ningún tejado, el cielo
cubierto de telarañas,
ortigas por espadañas,
derramadas por el suelo.

---

[1] Doña Leonor de Castañeda, que, además de madrastra, era cuñada de don Jorge.

[2] *escote*, parece ser el 'postigo' o 'escotilla' para cerrar la entrada. Quizá también juego de palabras con el sentido de 'pagar a escote'.

[3] *albollón*, 'cloaca'. Relacionado con *albañal*. Borao. (*Diccionario de voces aragonesas*), registra *arbellón*.

Y luego que hayáis entrado,   25
volveréis a man izquierda;
hallaréis luego un estrado
con la'scalera de cuerda;
    por alcatifa⁴, un estera;
por almohadas, albardas   30
con hilo blanco bordadas,
la paja toda de fuera.

La cama estará al sereno,
hecha a manera de lío,
y un colchón de pulgas lleno   35
y de lana muy vazío;
    una sábana no más,
dos mantas de lana luzia⁵,
una almohada tan suzia
que no se lavó jamás.   40

Assentarés en un poyo⁶
mucho alto y muy estrecho;
la mesa estará en un hoyo
porqu'esté más a provecho;
    unos manteles d'estopa;   45
por paños, paños menores;
servirán los servidores
en cueros vivos, sin ropa.

Yo entraré con el manjar,
vestido d'aqueste son: 50
sin camisa, en un jubón
sin mangas y sin collar;
    una ropa corta y parda,
aforrada con garduñas⁷;
y por pestañas, las uñas,   55
y en el hombro un espingarda⁸.

---

⁴ *alcatifa*, 'alfombra'.
⁵ *luzia*, 'rota a trechos'.
⁶ *poyo*, 'banco de piedra'.
⁷ *garduña*, 'animal ratero'.
⁸ *espingarda*, 'escopeta de caño muy largo'.

Y unas calças que de rotas
ya no pueden atacarse [9],
y unas viejas medias botas
que rabian por abaxarse   60
    tan sin suelas, que las guijas
me tienen quitado el cuero [10];
y en la cabeça un sombrero
que un tiempo fue de vedijas [11].

Verná luego un ensalada   65
de cebollas albarranas [12]
con mucha estopa picada
y cabeçuelas de ranas;
    vinagre vuelto con hiel
y su azeyte rosado [13]   70
en un casquete lançado,
cubierto con un broquel

El gallo de la Passión
verná luego tras aquesto,
metido en un tinajón,   75
bien cubierto con un cesto;
    y una gallina con pollos,
y dos conejos tondidos [14],
y páxaros con sus nidos,
cozidos con sus repollos.   80

Y el arroz hecho con grassa
d'un collar viejo, sudado,
puesto por orden y tassa,
para cada uno un bocado:
    por açucar y canela,   85
alcrevite [15] por ensomo [16],

---

[9] *atacarse*, 'ajustarse, atarse'.
[10] *cuero*, se refiere a la piel propia de las plantas de los pies.
[11] *vedijas*, 'pelo ensortijado'.
[12] *cebollas albarranas*, 'de sabor amargo'.
[13] *rosado*, 'medio congelado'.
[14] *tondidos*, 'tundidos, muertos a golpes'.
[15] *alcrevite*, 'azufre'. Es palabra árabe.
[16] *ensomo*, 'encima, en lo alto de'. Véase luego «somo» en el verso 93.

146

y delante, el mayordomo
con un cabo de candela.

Acabada ya la cena,
verná una pasta real   90
hecha de cal y arena,
guisada en un hospital;
   hollín y ceniza en somo
en lugar de cardenillo,
hecho un emplasto todo   95
y puesto en el colodrillo.

La fiesta ya fenescida,
entrará luego una dueña
con una hacha [17] encendida,
d'aquellas de partir leña,   100
   con dos velas sin pabilos,
hechas de cera d'orejas;
las pestañas y las cejas
bien cosidas con dos hilos.

Y en ell un pie dos chapines   105
y en ell otro una chinela;
en las manos escarpines,
y tañendo una vihuela:
   un tocino, por tocado;
por sartales, un raposo;   110
un braço desconyuntado
y el otro todo velloso [18].

CABO

Y una saya de sayal
forrada en peña tajada,

---

[17] *hacha*. Nótese el equívoco producido, por la ambi-valencia de *hacha*, 'para alumbrar' y 'para cortar'.
[18] Nótese el efecto monstruoso y casi prequevediano de esta pintura.

y una pescada cicial [19]   115
de la garganta colgada,
    y un balandrán [20] rocegante [21]
hecho de nueva manera:
las haldas todas delante,
las nalgas todas de fuera.   120

III

POESÍA MORAL

49

[COPLAS] DE DON JORGE MANRIQUE POR LA MUERTE DE SU PADRE

[I]

Recuerde [1] el alma dormida,
avive el seso e despierte,
        contemplando
cómo se passa la vida;
cómo se viene la muerte   5
        tan callando;
    cuán presto se va el plazer;
cómo, después de acordado,
        da dolor;
cómo, a nuestro parescer,   10
cualquiere tiempo passado
        fue mejor.

---

[19] *cicial,* 'seca y curada al aire'. Relacionada con *cecina.*
[20] *balandrán,* 'abrigo muy largo'.
[21] *rocegante, o rozagante,* 'vistoso'.
[1] *recuerde,* 'vuelva en sí, despierte'.
[1 bis] Guido Mancini, Schema per una lettura delle «Coplas di *Jorge Manrique»,* Prohemio, I, 1, págs. 8-18, analiza la función de este 'contemplando' y define el poema como una contemplación.

[II]

Pues si vemos lo presente,
cómo en un punto s'es ido
    e [2] acabado,   15
si juzgamos sabiamente,
daremos lo non venido
    por passado.
    Non se engañe nadi [3], no,
pensando que ha de durar   20
    lo que espera
más que duró lo que vio,
pues que todo ha de passar
    por tal manera.

[III]

Nuestras vidas son los ríos   25
que van a dar en la mar,
    qu'es el morir;
allí van los señoríos
derechos a se acabar
    e consumir;   30
    allí los ríos caudales,
allí los otros medianos
    e más chicos,
allegados [4], son iguales
los que viven por sus manos   35
    e los ricos.

---

[2] Los textos difieren en el uso de la copulativa *e* o *y*, como en *non* y *no*.

[3] *nadi*, 'nadie'. (Vid. n. 8, poema 6.)

[4] *allegados*. En otras versiones se dice *i llegados*, lectura también aceptable dando a *i* el significado 'allí', derivado de *ibi*.

INVOCACIÓN

[IV]

Dexo las invocaciones
de los famosos poetas
   y oradores;
non curo de sus ficciones,   40
que traen yerbas secretas [5]
   sus sabores.
  Aquél sólo m'encomiendo,
Aquél sólo invoco yo
   de verdad,   45
que en este mundo viviendo,
el mundo non conoció
   su deidad.

[V]

Este mundo es el camino
para el otro, qu'es morada   50
   sin pesar;
mas cumple tener buen tino
para andar esta jornada
   sin errar.
  Partimos cuando nascemos,   55
andamos mientra [6] vivimos,
   e llegamos
al tiempo que feneçemos;
assí que cuando morimos,
   descansamos.   60

---

[5] *yerbas secretas*, 'venenos'. Se refiere a la tradición
pagana de las invocaciones a las musas y a otros poderes
de la mitología.
[6] *mientra*, vid. n. 2, poema 5.

[VI]

Este mundo bueno fue
si bien usásemos dél
        como debemos,
porque, segund nuestra fe,
es para ganar aquél   65
        que atendemos [7].

Aun aquel fijo de Dios
para sobirnos al cielo
        descendió
a nescer acá entre nos,   70
y a vivir en este suelo
        do murió.

[VII] [8]

Si fuesse en nuestro poder
hazer [9] la cara hermosa
        corporal,   75
como podemos hazer
el alma [10] tan glorïosa
        angelical,
¡qué diligencia tan viva
toviéramos toda hora,   80
        e tan presta,
en componer la cativa [11],
dexándonos la señora
        descompuesta.

---

[7] *atendemos*, 'esperamos'.

[8] El comentarista Barahona colocó aquí esta estrofa que antes era la núm. XIII, y de ahí se derivó que otros textos, como el de Foulché-Delbosc, hicieran lo mismo.

[9] En Foulché-Delbosc, *tornar*.

[10] En Foulché-Delbosc, *ánima*.

[11] *cativa-señora*, 'oposición entre esclava-dueña', contraponiendo *cara corporal* y *alma angelical*. Vid. María Rosa Lida: «Una copla de Jorge Manrique y la tradición de Filón en la literatura española». *R.F.H.*, 1942, págs. 152-171.

[VIII]

Ved de cuán poco valor   85
son las cosas tras que andamos
        y corremos,
que, en este mundo traidor,
aun primero que muramos
        las perdemos.   90
Dellas [12] deshaze la edad,
dellas casos desastrados
        que acaeçen,
dellas, por su calidad,
en los más altos estados   95
        desfallescen.

[IX]

Dezidme: La hermosura [13],
la gentil frescura y tez [14]
        de la cara,
la [15] color e la blancura,   100
cuando viene la vejez,
        ¿cuál se pára?
Las mañas e ligereza
e la fuerça corporal
        de juventud [16],   105
todo se torna graveza
cuando llega el arrabal
        de senectud.

---

[12] *dellas*. Esta contracción repetida en versos sucesivos
ordena, mediante la anáfora, un período distributivo:
'unas por a), otras por b), otras por c); siendo a) el
tiempo inexorable, b) la desgracia inesperada y c) la
caída de la privanza'.

[13] Téngase en cuenta, para la medida del verso, la aspiración de la *h* inicial. Otras versiones traen *fermosura*.
Recuérdese la vacilación entre la conservación de la
inicial latina y la aspiración de la *h*.

[14] *tez*, 'color, lisura y plenitud del rostro'.

[15] *color*, ahora exclusivamente masculino, se usaba antes como femenino.

[16] *juventud*. F-D. trae *joventud*.

[X]

Pues la sangre de los godos [17],
y el linaje e la nobleza   110
    tan crescida,
¡por cuántas vías e modos
se pierde [18] su grand alteza
    en esta vida!
Unos, por poco valer,   115
por cuán baxos e abatidos
    que los tienen;
otros que [19], por non tener,
con oficios non debidos
    se mantienen.   120

[XI]

Los estados [20] e riqueza,
que nos dexan [21] a deshora
    ¿quién lo duda?,
non les pidamos firmeza,
pues que son d'una señora;   125
    que se muda [22],
que bienes son de Fortuna
que revuelven [23] con su rueda

---

[17] Los godos han sido siempre considerados como el origen de la más limpia y antigua nobleza.

[18] F-D. trae *se sume*, forma quizá más adecuada para la mejor comprensión de la estrofa, que viene a decir lo siguiente: 'La nobleza antigua está humillada o sumida, la de unos que, por carecer de valimiento o amistad con los poderosos, permanecen en desgracia y apartados; otros, que por no tener medios de subsistencia, se dedican a oficios indignos.'

[19] F-D. trae *y otros por no tener*.

[20] Estados o estamentos, modos de estar situados en la sociedad.

[21] *dexen*, F-D., *dexan*.

[22] Alude a las mudanzas de la Fortuna, de la que después se habla.

[23] F-D., *revuelve*, y parece lectura más aceptable, puesto que debe concertar con *Fortuna* y no con *bienes*.

presurosa,
la cual non puede ser una   130
ni estar estable ni queda
en una cosa.

[XII]

Pero [24] digo c'acompañen
e lleguen fasta la fuessa
con su dueño: 135
por esso non nos engañen,
pues se va la vida apriessa
como sueño.
e los deleites d'acá
son, en que nos deleitamos,   140
temporales,
e los tormentos d'allá,
que por ellos esperamos,
eternales.

[XIII]

Los plazeres e dulçores   145
desta vida trabajada
que tenemos,
non son sino corredores [25],
e la muerte, la çelada
en que caemos.   150
Non mirando a nuestro daño,
corremos a rienda suelta
sin parar;
desque vemos el engaño
y queremos dar la vuelta   155
no hay lugar.

---

[24] El comienzo de esta estrofa tiene carácter concesivo
en relación con la anterior: 'Los bienes temporales nos
abandonan en cualquier momento; pero aunque duren,
los perdemos con la muerte.'

[25] *corredores*, 'soldados destacados en avanzadas'. Relacionado con *correría*. Nótese aquí y en los versos que
siguen el recuerdo de la vida de campaña.

154

[XIV]

Esos reyes poderosos
que vemos por escripturas
    ya passadas
con casos tristes, llorosos,   160
fueron sus buenas venturas
    trastornadas;
    assí, que no ay cosa fuerte,
que a papas y emperadores
    e perlados,   165
assí los trata la muerte
como a los pobres pastores
    de ganados.

[XV]

Dexemos a los troyanos,
que sus males non los vimos,   170
    ni sus glorias;
dexemos a los romanos,
aunque oimos e leimos
    sus hestorias;
    non curemos de saber   175
lo d'aquel siglo passado
    qué fue d'ello;
vengamos a lo d'ayer,
que también es olvidado
    como aquello.   180

[XVI]

¿Qué se hizo el rey don Joan?
Los Infantes d'Aragón [26]
    ¿qué se hizieron?
¿Qué fue de tanto galán,

---

[26] Son los hijos de don Fernando el de Antequera, rey de **Aragón**. Ellos, como su padre, eran castellanos y bulleron **mucho** en la vida revuelta de aquel tiempo. El mayor, **don** Enrique, murió a consecuencia de la batalla de **Olmedo**.

¿qué de tanta inuinción[27]　　　　　　185
　　que[28] truxeron?
¿Fueron sino devaneos[29],
qué fueron sino verduras
　　de las eras,
las justas e los torneos,　　　　　　190
paramentos[30], bordaduras
　　e çimeras?[31].

[XVII]

¿Qué se hizieron las damas,
sus tocados e vestidos[32]
　　sus olores?　　　　　　　　195
¿Qué se hizieron las llamas
de los fuegos encendidos
　　d'amadores
¿Qué se hizo aquel trovar,
las músicas acordadas[33]　　　　　　200
　　que tañían?
¿Qué se hizo aquel dançar,
aquellas ropas chapadas[34]
　　que traían?

---

[27] F-D., *¿qué fue de tanta invención?* La palabra invención solía tener en la terminología cortesana y caballeresca el sentido de 'empresa'. Vid. Francisco Rico, «Unas coplas de Jorge Manrique y las fiestas de Valladolid en 1428», nota 21, en *Anuario de Estudios medievales*, Barcelona, 1965, págs. 515-524.

[28] F-D., *como*.

[29] Esta segunda parte de la estrofa tiene en otros textos una ordenación distinta, dice:

> *Las justas y los torneos,*
> *paramentos, bordaduras,*
> *y cimeras,*
> *fueron sino devaneos?*
> *qué fueron sino verduras*
> *de las eras?*

[30] *paramentos*, 'atavíos ricos con que se cubrían los corceles en los torneos'.
[31] *cimeras*, 'penachos o adornos de plumas en que remataban los yelmos'.
[32] F-D., *sus tocados, sus vestidos*.
[33] *acordadas*, 'concertadas armónicamente'.
[34] *chapadas*, 'recubiertas con láminas o chapas'.

[XVIII]

Pues el otro, su heredero   205
don Anrique [35], ¡qué poderes
    alcançaba!
¡Cuánd blando, cuánd halaguero [36]
el mundo con sus plazeres
    se le daba!   210
Mas verás [37] cuánd enemigo,
cuánd contrario, cuánd cruel
    se le mostró;
habiéndole sido amigo,
¡cuánd poco duró con él   215
    lo que le dio!

[XIX]

Las dádivas desmedidas,
los edeficios reales
    llenos d'oro,
las vaxillas tan fabridas [38]   220
los enriques e reales [39]
    del tesoro,
los jaezes [40], los caballos
de sus gentes [41] e atavíos
    tan sobrados   225
¿dónde iremos a buscallos?;
¿qué fueron sino rocíos
    de los prados?

---

[35] *don Anrique,* 'don Enrique, como pone en otros textos. Es Enrique IV, hijo y sucesor de Juan II.
[36] *halaguero,* 'lisonjero, halagador'.
[37] F-D., *veréis.*
[38] *fabridas,* 'trabajadas con primor'.
[39] *enriques e reales,* 'monedas de curso legal en la época'.
[40] *jaeces,* 'adornos que se ponen a los caballos'.
[41] F-D., *su gente.*

[XX]

Pues su hermano el innocente [42]
qu'en su vida sucessor   230
    se llamó
¡qué corte tan excellente
tuvo, e cuánto grand señor
    le siguió.
Mas, como fuesse mortal,   235
metióle la Muerte luego
    en su fragua.
¡Oh jüicio divinal!,
cuando más ardía el fuego,
    echaste agua.   240

[XXI]

Pues aquel grand Condestable [43],
maestre que conoscimos
    tan privado,
non cumple que dél se hable,
mas sólo cómo lo vimos   245
    degollado.
Sus infinitos tesoros,
sus villas e sus lugares,
    su mandar,
¿qué le fueron sino lloros?,   250
¿qué fueron sino pesares
    al dexar?

---

[42] Se trata de don Alfonso, quien todavía niño fue proclamado rey en Ávila (1465) por el partido en el que figuraban los Manrique, adverso a Enrique IV mientras destronaban a éste en efigie. Tres años más arde, y a los catorce de edad, moría don Alfonso, que no llegó a reinar.

[43] Es el Condestable don Álvaro de Luna que asumió todo el poder en tiempos de Juan II y acabó decapitado en Valladolid (1453).

[XXII]

E [44] los otros dos hermanos [45],
maestres tan prosperados
  como reyes,   255
c'a los grandes e medianos
truxieron tan sojuzgados
  a sus leyes;
 aquella prosperidad
qu'en tan alto [46] fue subida 260
  y ensalzada,
¿qué fue sino claridad
que cuando [47] más encendida
  fue amatada? [48].

[XXIII]

Tantos duques excelentes, 265
tantos marqueses e condes
  e varones
como vimos tan potentes,
dí, Muerte, ¿dó los escondes,
  e traspones?   270
 E las sus claras hazañas
que hizieron en las guerras
  y en las pazes,
cuando tú, cruda, t'ensañas,
con tu fuerça las atierras 275
  e desfazes.

---

[44] F-D., *pues.*
[45] Se trata del marqués de Villena, don **Juan Pacheco**, maestre de Santiago, y de su hermano don **Pedro Girón**, maestre de Calatrava. Es la tercera serie de **hermanos** de que habla: primero, los infantes de Aragón, luego don Enrique y don Alfonso, y ahora los Villena, enemigos éstos de los Manrique.
[46] F-D., *alta.*
[47] F-D., *estando.*
[48] *amatada*, 'apagada, matada'.

[XXIV]

Las huestes inumerables,
los pendones, estandartes
    e banderas,
los castillos impugnables,   280
los muros e balüartes
    e barreras,
    la cava honda, chapada [49],
o cualquier otro reparo,
    ¿qué aprovecha?   285
Cuando tú vienes airada,
todo lo passas de claro
    con tu flecha.

[XXV]

Aquel de buenos abrigo,
amado, por virtuoso,   290
    de la gente,
el maestre don Rodrigo
Manrique, tanto famoso
    e tan valiente;
sus hechos grandes [50] e claros   295
non cumple que los alabe,
    pues los vieron;
ni los quiero hazer caros,
pues qu'el mundo todo sabe
    cuáles fueron.   300

[XXVI]

Amigo [51] de sus amigos,
¡qué señor para criados
    e parientes!

---

[49] *cava honda*, chapada, 'foso o trinchera que se hacía
para la defensa, y para hacerla más fuerte se la recubría
con chapas de metal'.

[50] F-D.,*sus grandes fechos*.

[51] *F-D.,qué amigo*. Y es preferible, puesto que toda la
estrofa está ordenada con un qué anafórico.

¡Qué enemigo d'enemigos!
¡Qué maestro d'esforçados   305
    e valientes!
¡Qué seso para discretos!
¡Qué gracia para donosos!
    ¡Qué razón!
¡Qué benino a los sujetos!   310
¡A los bravos e dañosos,
    qué león 52!

[XXVII]

En ventura, Octaviäno;
Julio César en vencer
e batallar;   315
en la virtud, Africano;
Aníbal en el saber
    e trabajar;
en la bondad, un Trajano;
Tito en liberalidad   320
    con alegría;
en su braço, Aureliano;
Marco Atilio en la verdad
    que prometía.

[XXVIII]

Antoño Pío en clemencia;   325
Marco Aurelio en igualdad
    del semblante;
Adriano en la elocuencia 53;
Teodosio en humanidad
    e buen talante.   330
Aurelio Alexandre fue
en deciplina e rigor
    de la guerra;
un Constantino en la fe,

---

52 F-D., *y a los bravos y dañosos / un león.*
53 F-D., *Adriano en elocuencia.*

Camilo en el grand amor 335
    de su tierra.

[XXIX]

Non dexó grándes tesoros,
ni alcançó muchas riquezas [54]
    ni vaxillas;
mas fizo guerra a los moros 340
ganando sus fortalezas
    e sus villas [55];
y en las lides que venció,
cuántos moros [56] e cavallos
    se perdieron; 345
y en este oficio ganó
las rentas e los vasallos
    que le dieron.

[XXX]

Pues por su honra y estado,
en otros tiempos pasados 350
    ¿cómo s'hubo?
Quedando desamparado,
con hermanos e criados
    se sostuvo.
Después que fechos famosos 355
fizo en esta misma guerra [57]
    que hazía,
fizo tratos tan honrosos
que le dieron aun más tierra
    que tenía. 360

[54] F-D., *grandes riquezas*.
[55] F.-D., *y sus villas*.
[56] F-D., *muchos moros*.
[57] F-D., *en esta dicha guerra*.

[XXXI]

Estas sus viejas hestorias
que con su braço pintó
    en joventud,
con otras nuevas victorias
agora las renovó   365
    en senectud.
Por su gran habilidad,
por méritos e ancianía
    bien gastada,
alcançó la dignidad   370
de la grand Caballería
    dell Espada [58].

[XXXII]

E sus villas e sus tierras,
ocupadas de tiranos
    las halló;   375
mas por çercos e por guerras
e por fuerça de sus manos
    las cobró.
Pues nuestro rey natural,
si de las obras que obró   380
    fue servido,
dígalo el de Portogal,
y, en Castilla, quien siguió
    su partido.

[XXXIII]

Después de puesta la vida   385
tantas vezes por su ley
    al tablero [59];
después de tan bien servida

---

[58] *caballería dell Espada,* 'la Orden de Santiago'.
[59] *tablero,* 'expuso o se jugó la vida en la guerra como en tablero de ajedrez'.

la corona de su rey
                    verdadero;   390
    después de tanta hazaña
a que non puede bastar
                    cuenta cierta,
en la su villa d'Ocaña
vino la Muerte a llamar   395
                    a su puerta,

[XXXIV]

    diziendo: «Buen caballero,
dexad el mundo engañoso
                    e su halago;
vuestro corazón d'azero   400
muestre su esfuerço famoso
                    en este trago;
    e pues de vida e salud
fezistes tan poca cuenta
                    por la fama;   405
esfuércese la virtud
para sofrir esta afruenta [60]
                    que vos llama.»

[XXXV]

    «Non se vos haga tan amarga
la batalla temerosa   410
                    qu'esperáis,
pues otra vida más larga
de la fama glorïosa [61]
                    acá dexáis.
    Aunqu'esta vida d'honor   415
tampoco no es eternal
                    ni verdadera;
mas, con todo, es muy mejor
que la otra temporal,
                    peresçedera.»   420

---

[60] *afruenta*, 'enfrentamiento, trance o encuentro con la muerte'.
[61] F.-D., *de fama tan glorïosa*.

«El vivir qu'es perdurable
non se gana con estados
    mundanales,
ni con vida delectable
donde moran [62] los pecados   425
    infernales;
    mas los buenos religiosos
gánanlo con oraciones
    e con lloros;
los caballeros famosos,   430
con trabajos e aflicciones
    contra moros.»

[XXXVII]

«E pues vos, claro varón,
tanta sangre derramastes
    de paganos,   435
esperad el galardón
que en este mundo ganastes
    por las manos;
e con esta confiança
e con la fe tan entera   440
    que tenéis,
partid con buena esperança,
qu'estotra vida tercera
    ganaréis.»

[Responde el Maestre:]

[XXXVIII]

«Non tengamos [63] tiempo ya   445
en esta vida mesquina
    por tal modo,

---

[62] F.-D., *en que moran.*
[63] F-D., *gastemos.*

que mi voluntad está
conforme con la divina
  para todo;   450
 e consiento en mi morir
con voluntad plazentera,
  clara e pura,
que querer hombre vivir
cuando Dios quiere que muera, 455
  es locura.»

[Del Maestre a Jesús:]

[XXXIX]

 «Tú que, por nuestra maldad,
tomaste forma servil
  e baxo nombre;
tú, que a tu divinidad   460
juntaste cosa tan vil
  como es el hombre [64];
tú, que tan grandes tormentos
sofriste sin resistencia
  en tu persona,   465
non por mis merescimientos,
mas por tu sola clemencia
  me perdona» [65].

FIN

[XL]

 Assí, con tal entender,
todos sentidos humanos   470
  conservados,
cercado de su mujer
y de sus hijos [66] e hermanos
  e criados,

---

[64] F-D., *como el hombre.*
[65] *me perdona,* 'perdóname'. Imperativo con comple-
mento pronominal antepuesto.
[66] F-D., *de sus hijos.*

dio el alma a quien gela dio   475
(el cual la ponga[67] en el cielo
          en su gloria),
que aunque la vida perdió[68],
dexónos[69] harto consuelo
          su memoria.   480

50

¡OH, MUNDO!, PUES QUE NOS MATAS...[1]

[I]

¡Oh, mundo!, pues que nos matas,
fuera la vida que diste
          toda vida;
mas según acá nos tratas,
lo mejor y menos triste   5
          es la partida
de tu vida, tan cubierta
de tristezas y dolores,
          despoblada;
de los bienes tan desierta,   10
de placeres y dulzores
          despojada.

[II]

Es tu comienzo lloroso,
tu salida siempre amarga
          y nunca buena;   15
lo de en medio, trabajoso,

---

[67] Cortina pone «el cual le dio».
[68] F-D., *y aunque la vida murió.*
[69] F-D., *nos dexó.*
[1] La atribución de estas dos estrofas halladas en circunstancias no probadas, es más que problemática. No son suficientes para emitir sobre ellas un juicio valorativo, pero no parecen estar a la altura de las *Coplas.*

y a quien das vida más larga
le das pena.
Assí los bienes, muriendo
y con sudor se procuran   20
y los das;
los males vienen **corriendo**;
después de venidos, duran
mucho más.

APÉNDICE [1]

Son las glorias y deleites
que en este siglo prestado
más aplazen
unos fengidos afeites
que con viento muy delgado   5
se deshacen.
De ti, mundo, nos quexamos
con razón y causa fuerte
pues que vemos
que contino te tratamos   10
y antes de conocerte
te perdemos.

---

[1] Se publica aquí la continuación del poema que Manrique dejó sin terminar. Alguna vez se ha pensado si podría atribuírsele a don Jorge, y el mismo Rodríguez-Moñino pone un interrogante al publicarla entre los poemas que se añadieron al *Cancionero* en 1535, donde figura a continuación de las dos coplas manriqueñas. Es más probable que sea de Rodrigo Osorio, a quien generalmente se le viene imputando. Conserva la forma y el tono del original y no deja de tener una discreta factura; pero no resiste un análisis comparativo.

LA CAUSA

La gruesa sensualidad
deste cuerpo ponderoso
   que traemos   15
empide la claridad
del spíritu glorioso
   que tenemos,
y hasta ser divididos
cada cual destos estremos 20
   sobre sí
no pueden ser conocidos
los secretos que creemos
   que hay en ti.

Las ánimas despojadas   25
desta lodosa materia
   veen claras
estas cosas ocultadas:
tu condición, tu miseria,
   tus dos caras: 30
la una con que nos guías
a los dulces apetitos
   temporales
con la otra nos embías
a tormentos infinitos   35
   infernales.

COMPARA

de los brutos animales
¡Oh, mundo, morada escura
   sin razón;

valle hondo de amargura;
destierro lleno de males
        y pasión;
tierra sembrada de espinas:
pestilente, inficionada
        devoción;
dulzor que así nos inclinas
a tu perversa y dañada
        condición!

Si nuestros padres primeros
el mandamiento divino
        no pasaran,
todos fueran herederos
de la gloria, y de contino
        la gozaran;
tormento, penas, angustias,
hambre, frío, ni calor
        no sintieran;
ni las plantas fueran mustias
y en su perpetuo verdor
        permanecieran.

Ni la vieja antigüedad
nuestra bella juventud
        corrompiera;
ni otra adversidad
contraria de la salud
        se sintiera.
Siempre fuéramos aceptos
a la voluntad divina
        sin errar,
conservando sus preceptos,
no haciendo cosa digna
        de pecar.

Ni los vicios y pecados
nuestras ánimas benditas
        manzillaran;
ni fuéramos condenados

ni las penas infinitas
        nos penaran,
solamente Lucifer
poseyera los tormentos   80
        del abismo;
ni nos fueran menester
los sagrados sacramentos
        ni el baptismo.

Sólo por aquel pecado   85
que nuestro primero padre
        allí pecó
fue lanzado y desterrado,
él y Eva nuestra madre
        a quien siguió,   90
do fue maldita la tierra
y todos los elementos
        corrompidos,
y entre nos quedó tal guerra
que jamás serán contentos   95
        los nacidos.

    Fue dado por maldición
al hombre porque pecara
        que viviese
desterrado en Val de Ebrón   100
y con sudor de su cara
        sostuviese
la fortuna temporal
del estío destemplado
        y del invierno,   105
y que fuese hombre mortal
obligado y condenado
        al infierno.

    E la mujer, que pariese
los hijos con gran dolor   110
        y los criase,
y que siempre obedeciese

al varón como a señor
y lo acatase.
Y por solos estos dos   115
que el divino mandamiento
traspasaron,
quedamos ellos y nos
obligados al tormento
que heredaron.   120

E vivimos desterrados,
deseosos de volver
donde salimos,
pobres y desheredados
de la gloria y del plazer   125
que perdimos.
Por aquella sospiramos,
las lágrimas y gemidos
allí van;
por aquella siempre estamos   130
descontentos y aborridos
con afán.

NOTA

E las tristezas que tienen
los hombres muchas vegadas
no sabidas,   135
de allí proceden y vienen,
allí fueron engendradas
y nacidas,
ca siente nuestra memoria
un natural sentimiento   140
original
porque perdimos la gloria
y heredamos detrimento
terrenal.

LO QUE PERDIMOS Y LO QUE COBRAMOS

De libres, francos y esentos, 145
nos hecimos tributarios
            y subjetos;
de contentos, descontentos,
y de hermanos, muy contrarios
            inquïetos; 150
de señores, sufraganos;
de justos, santos y buenos,
            imperfectos;
de divinales, humanos
pecadores y muy llenos 155
            de defectos.

Como el ánima divina
aquestas cosas contempla
            y las mira,
luego se humilla y inclina, 160
se altera, turba y destiempla
            y sospira;
conoce la perfección,
cómo fue hecha y criada
            y para qué, 165
y mira la perdición
que allá tiene aparejada
            si tal no fue.

Y como la carne sienta
que fue hecho corruptible 170
            su metal,
siempre vive descontenta
conociendo ser pasible
            y mortal.
La mayor pena que Dios 175

quiso dar a los culpados
    conocida,
es que fuesen estos dos
divididos y apartados
    de la vida.   180

    Como quier que tenga incierta
el ánima la carrera
    y muy dudosa,
de contino está despierta
y la horrible muerte espera   185
    temerosa,
y después de ser llegada
a tan grande su venida
    da el temor
que aunque vaya bien guiada   190
es por fuerza se despida
    con dolor.

LA CAUSA

    Porque dexa desterrado
su cuerpo con los humanos
    muy amado,   195
polvoriento y mal tratado,
corrompido de gusanos
    y abiltado [1],
que las ánimas sagradas
que por mérito ganaron   200
    gloria y cielo,
desean ser ayuntadas
con los cuerpos que dexaron
    en el suelo.

---

[1] *abiltado*, 'envilecido'.

LA RAZÓN

Porque ambos en un ser   205
fueron hechos, ayuntados
   y ceñidos
para siempre poseer
los gozos beatificados
   infinidos;   210
y aunque el ánima quïeta
tenga holganza ganada
   soberana,
no terná gloria perfecta
hasta verse acompañada   215
   de la 'hermana.

Por esto no reposamos
mas antes vida penosa
   rescebimos
hasta en tanto que volvamos   220
a la patria glorïosa
   do salimos.
En aquella hallarán
los que dignamente fueren
   repatriados   225
los gozos que turarán [2]
cuanto Dios con quien se vieren
   colocados.

---

[2] *turarán*, 'permanecerán, **perdurarán'**.

CONCLUYE

Assí que ninguno espere,
en tanto que desterrado   **230**
        y ausente
de aquella gloria estuviere,
que ningún humano estado
        le contente.
Quexarnos mientra vivimos   **235**
deste mundo, no sería
        con razón;
mas de nos, porque seguimos
los deseos que nos guía
        su afición.   **240**

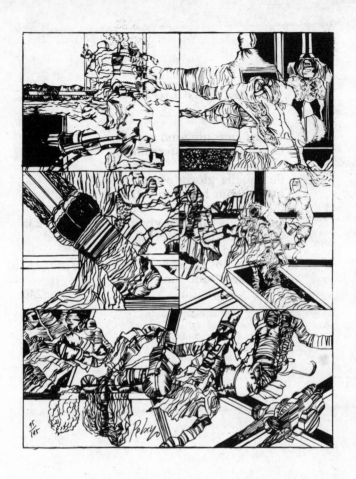

ÍNDICE DE PRIMEROS VERSOS

Colección Letras Hispánicas